통장잔고 2배 늘려주는

제3판

병의원 절세비법

저자 김국현

| 저자 |

김 국 현

지승세무회계 대표세무사, 경영학박사

대학에서 경영학과를 졸업하고 재무관리전공으로 경영학 석사학위를 취득했다. 세무사 자격증을 취득하여 활동을 하면서 세무학 박사학위까지 취득하여 세무분야 전문가로 통한다. 세무법인다솔, 세무법인 가은 지점대표와 이사로 재직하였으며 현재는 세무회계 유정 대표세무사, 가천대학교 겸임교수로 활동하고 있다. 세무사회 세무연수원 교수, 백제예술대학교 감사도 맡고 있다. 국선세무대리인과 납세자보호위원, 국세심사위원회 위원 등 활발한 사회활동을 펼쳐 국세청장 표창을 받았다.

이메일 taxkh@naver.com
카톡ID taxkh
블로그 blog.naver.com/taxkh
홈페이지 www.taxkh.com

통장잔고 2배 늘려주는

제3판

병의원 절세비법

프롤로그

진료만 하고 싶은데 내야 될 세금은 너무 많고 세금을 내고 나면 남는 것도 없다. 절세를 해야 한다는데 세법은 너무 어렵고 물어볼 데도 없다. 담당 세무사가 전문적인 부분은 알아서 해주겠지만 너무 기본이 아닌가 싶어 물어보기도 민망하고 전화하기도 왠지 미안하다. 평소에 몇 가지만 챙기면 절세하는 데 도움이 된다는데 알려주는 세무사도 마땅한 책도 없다면 이 책을 읽어봐야 한다.

차를 사고 싶은데 리스가 좋나요 할부가 좋나요? 연말에 의료재료를 많이 사두는 게 좋나요? 명절에 직원에게 보너스를 어떻게 줘야 하나요? 직원 생일선물을 주고 싶은데 비용처리 할 수 있나요? 집 근처 마트에서 병원에 비치하는 커피와 다과를 사는데 문제가 되나요? 등등 아주 사소한 질문에 답하기 위해 책을 썼다.

병의원이라는 사업을 한다는 것은 진료 서비스를 제공해서 돈을 버는 거라고 생각을 하지만 이는 사업이라는 동전의 반만 보는 것이다. 나머지 동전의 반쪽은 사업을 하기 위해 내부적으로 관리를 한다는 것이다. 내부관리를 한다는 것은 세금관리를 하는 것이다. 세금을 내야 비로소 순수한 내 돈이 되기 때문이다. 친형이 의사이기도 하고 주위에 의사 친구들이 많아 자연스럽게 병의원에 대한 세무관리를 많이 하고 있다. 병의원 세무관리를 하면서 만난 원장님들이 노력하고 멋있게 진료하시는 모습을 자주 보곤 한다.

병의원의 매출이 늘면 나도 모르게 기분이 좋아진다. 동시에 직업병으로 "세금도 많이 내셔야 될 텐데" 하고 세금을 줄일 방법을 고민하게 된다. 전문적인 진료서비스를 제공하면서 세금관리까지 하는 모습을 보면서 어떻게 도움을 드릴 수 있는지 고민을 한다. 환자가 자신의 몸이 아플 때 의학지식을 배워서 스스로 고쳐야 하는 것이 아닌 것처럼 원장님들이 세금을 계산하기 위해 세금을 자세히 알아야 할 필요는 없다. 다만 머리가 아플 때 두통약이 필요한 것을 아는 것처럼 세금을 줄이기 위한 기본적인 세금관리를 알아두면 절세에 도움이 많이 된다.

세무사로서 세무, 경영, 회계 전문가가 되었고 지금도 세금을 항상 공부한다. 학부에서는 회계학, 석사에서는 재무관리, 박사에서는 세법학을 전공하였다. 경영학이라는 큰 학문 아래 있지만 회계학, 재무관리, 세법학은 분야가 서로 다르다. 개인의견을 전제로 회계학은 이미 지나간 숫자를 재무제표에 정리하여 확인하는 것이고 재무관리는 과거 데이터로 미래 가치를 평가하는 학문이다. 세법학은 정부가 기업에 세금을 부과하고 기업은 세금을 관리하는 정책적인 측면의 학문이다. 과거와 현재 그리고 정책까지 공부를 하면서 전문가가 되기 위해 노력하고 있다.

세무사라는 전문직 업무를 수행하면서 좋은 점은 사업하는 여러 분야의 사람들을 만날 수 있다는 것이다. 작은 사업을 하는 사장님부터 큰 기업을 이끄는 대표님까지 여러 사업영역을 간접적으로 들여다볼 수 있다. 사업을 한다는 것은 돈을 버는 것을 뛰어넘는 창조적 행위이다. 병의원이라는 사업은 진료를 통해 환자를 치료해 주고 사회를 발전시키는 사명감이 뛰어난 직업이다.

평소에 담당 세무사와 충분한 의사소통이 이루어져야 한다. 세무상, 경영상 조금이라도 궁금한 점이 있다면 담당 세무사와 이야기를 해서 수시로 문제를 해소해야 한다. 가장 좋은 세무사는 궁금한 점을 언제나 물어볼 수 있고 나와 친하게 연락을 자주 할 수 있는 세무사이다.

잘 아는 세무사로 기억되고 싶다.

2024년 6월

김국현

추천사

우리나라에서는 의사만이 개인적으로 병의원을 개설할 수 있는 자격을 가진다. 그러나 나를 비롯한 내 주변의 의사들은 의학 외 분야에는 소위 말하는 뇌순남, 뇌순녀인 경우가 많다.

개원은 경영이고 사업이다. 환자 진료 말고도 신경 써야 하는 일이 많은데 그중 으뜸 과제는 세금이다.

이 책은 세무회계에 관한 지식이 거의 없는 의사들의 눈높이에 맞춰져 있으며 이과생들이 이해하기 쉬운 말로 간결하게 설명되어 있어 쉽게 읽힌다. 세법 관련 기초 단어부터 병의원을 운영하면서 겪게 되는 구체적 사례까지 체계적으로 기술되어 있다.

– 서울대학교병원 산부인과 전문의 **김선민** 교수님

추천사

우리 가까이 있고, 모두가 참 좋아하는 게 바로 '돈'입니다. 하루하루 열심히 벌고 모으고 쓰며 지냅니다. 전쟁터 같은 일터에서 열심히 번다고 능사는 아닙니다. 잘 벌고 잘 모으고 잘 써야 합니다. 그중에 참 중요하지만 어려운 게 바로 세무 업무 아닌가 싶습니다. 김국현 세무사는 언제 만나더라도 항상 차분하고 알아듣기 쉬운 설명, 현실적인 조언을 아끼지 않는 전문가가 아닌가 생각됩니다. 항상 의뢰자의 편에서 먼저 듣고 이야기를 시작합니다. 가끔은 정신건강의학과 전문의보다 잘 들어주는 것 아닌가 싶을 정도입니다. 그 노하우와 차분한 설명들이 담겨 있는 이 책의 효용 가치는 매우 높아 보입니다. 특히 세무 중에서도 병의원이라는 특수 분야의 업무 특성을 잘 이해하고 풀어낸 설명들은 많은 두려움들을 걷어내 줍니다. 많은 선생님들과 의료업계 종사자분들이 '병의원 세무'를 통해, 저자인 '김국현 세무사'를 통해 도움을 받으셨으면 합니다.

– 강북삼성병원 정신건강의학과 전문의 **조성준** 교수님

추천사

처음 개원을 하다 보면 많은 일들 때문에 정작 세무에 대해서는 신경을 못 쓰는 경우가 많습니다. 결국 시간이 지나서야 놓친 부분에 대해 알게 되죠. 제가 개원할 때 이 책을 읽었더라면 얼마나 좋았을까 하는 생각이 듭니다. 군더더기 없는 깔끔한 설명으로 쉽게 읽을 수 있었습니다. 처음 개원하신 분들이라면 먼저 이 책을 읽고 시작하시길 추천해 드립니다. 병원 관리부터 세금까지 이 책 한 권이면 충분합니다.

– 서울우리치과의원 대표원장 **이성한**

추천사

의사들이 똑똑할 것 같지만 막상 세상일에는 젬병이다.

개원의에게 세금 문제가 딱 그 경우다.

이 책은 개원의가 궁금해할 수밖에 없는 내용이 구체적인 상황으로 정리되어 있다.

설명하기 복잡한 내용일 텐데도 저자는 질문과 예시로 쉽게 풀어썼다.

개원을 준비할 때와 병원을 운영할 때, 미래에 필요할 내용까지 포함되어 있어 놀랐다.

저자가 병원 세무 관련 경험이 많은 것은 당연하거니와, 많은 의사와 깊이 대화를 나눈 흔적도 느껴진다.

지금 개원을 준비하시는 선생님이나 앞으로 병원을 더욱더 효과적으로 관리하고자 하는 원장님께 이 책을 적극 권한다.

– 마인드랩 공간 정신건강의학과 대표원장 **이광민**

추천사

이제 병의원 원장들한테 세무 공부는 필수인 시대입니다. 이런 시기에 병의원의 세무에 대해서 자세하고 쉽게 알려주는 책을 추천하게 되어서 영광입니다.

알기 힘든 세금에 관한 내용들을 쉽게 이해할 수 있게 정리되어 있기 때문에 많은 병의원 원장님들께 도움이 될 것입니다. 꼭 읽어 보시고 많은 원장님들 절세하세요.

– 연세준플란트치과 대표원장 **김현석**

추천사

더 나은 미래를 위해 내 살림살이가 나아지길 바란다면 반드시 읽어야 할 책이라 느꼈다. 이 책을 통해 실제로 통장의 잔고가 늘어나는 마법을 보게 되었다. 개인적으로 3가지 포인트에 집중했다. 버는 것도 중요하지만 관리하는 것이 더 중요하다.

첫째, 결국 영업이익이 가장 중요하다. 사업하는 입장에서는 과세표준이 만들어지는 원리를 이해하는 것이 중요하다. 매출과 비용 그리고 각종 공제를 적용하면 세금을 매기는 과세표준이 결정이 된다.

로컬 병원을 10여 년간 운영하면서 의료인 이외에 다양한 역할을 해야 하는 것이 가장 어렵게 느낀다. 경영자로서 대표로서 리더로서 여러 의사결정을 해야 한다.

진심을 다한 진료와 최상의 서비스를 통해 나는 항상 우상향하는 성장을 이룰 것같이 느꼈다. 실제로 매출은 지속적으로 증가했고 살림살이는 나아지고 있지만 각종 세금을 낼 때가 되면 뭔가 개운치 않은 느낌이 드는 건 사실이었다. 대부분 작년에는 이만큼 매출이 나왔으니깐 올해는 이 정도 세금이 나오겠구나 감으로 생각하는 게 보통이었다. 그렇지만 세금고지서가 나오면 예상 밖으로 나오게 되는 적도 많았다. 세금이 매겨지는 과세표준을 이해한다면 스스로 세금에 대비할 수 있게 된다는 것이 가장 큰 전환점이 되었다. 이 책을 통해 과세표준을 이해하고 영업이익이 어떻게 되는지 스스로 알게 될 수 있다.

둘째, 현재 상황을 파악하는 결산을 통해 성장에 집중할 수 있게 된다. 경영자로서 첫 번째 원칙은 우리 조직의 현 상태를 파악하는 것이라 생각된다. 그것도 매우 구체적인 숫자와 지표로 파악을 하고 있어야 한다. 지금 우리 병원의 매출구조를 만드는 주요 항목을 관찰하는 것이 가능해진다. 가령 급여항목, 평균 내원객수, 비급여항목 등 병원 매출을 만드는 여러 항목을 구분해서 이들의 추이를 일단위, 주간단위, 월간단위로 관찰을 하면서 전략을 수립하고 과업을 설정할 수 있게 된다. 여기에 비용을 결정하는 주요 항목들을 세무사와 협업을 통해 중간 결산을 수행하면 월별, 분기별, 연별 변화를 예측할 수 있게 된다. 기업의 가치를 재무제표에 의해 평가하듯이 병원 현 상태를 결산하여 스스로 평가할 수 있게 되었다. 그 결과 변화하는 상황에도 대처하고 본연의 가치인 진료에도 더 집중을 하게 되었다.

셋째, 경제적 자유를 얻게 된다. 경제적 자유는 단지 많이 번다고 얻어지는 것은 아닐 것이다. 본업의 성장을 통한 이익 증대, 그에 맞는 계획적인 소비와 투자가 이루어지면 불안하게 돈에 속박

되는 삶에서 벗어나게 될 것이다.

결론적으로 매출을 늘리는 것 못지않게 병원의 수익구조를 이해하고 관리하는 데 큰 도움이 되는 책이었다.

과거에 저도 그랬고 주변의 동료도 항상 결산 때가 되면 실랑이를 하지 않는가?

아니 세무사님 올해 왜 이렇게 세금이 많이 나왔죠? 이렇게 물으면 세무사는 올해 많이 버셨잖습니까? 그러니깐 세금이 많이 나오죠. 제 친구 의사도 저랑 매출이 비슷한데 그 친구는 저보다 세금이 덜 나오던데요. 저희 비용을 적게 넣어주신 것이 아닌가요? 결산시기에 항상 서로 옥신각신하는 경우가 많았다.

절세 전문가 김국현 세무사와 만나게 된 이후에 많은 것이 달라졌다.

이 책을 통해 병원의 영업이익을 파악하고 현 상태를 통해 미래를 예측하면서 경제적 자유를 누리는 의료인이 되시길 기원한다.

- 통달한의원 대표원장 **김태현**

Contents

Part 02 병의원의 수입을 관리하는 방법 43

Part 03 지출(비용)관리하는 방법 73

Part 05 업무용승용차과세제도 181

Part 06 개원을 위한 실전세금 203

Part 07 공동개원 237

Part 08 세무조사 261

Part 09 알아두면 좋은 증여세와 상속세 291

Part 10 알아두면 좋은 양도소득세 309

부록 325

Part 01

병의원 세금의 이해

1

병의원 소득에 대한 세금은 어떻게 계산을 하나?

"이익이 많이 난다는데 통장에는 돈이 없어요."

세무상담을 처음 할 때 가장 많이 듣는 말이다. 이유는 여러 가지가 있겠지만 첫 번째는 병의원을 운영하면서 지출한 내역을 잘 모르고 있어서이다. 세금을 계산할 때 내가 지출한 비용이 수입에서 차감 되지 않을 수 있는데 왜 내가 사용한 모든 비용을 뺄 수 없는지 모르고 있기 때문이다. 두 번째는 돈을 썼더라도 쓴 시점에 모두 비용처리가 안 되는 비용들이 있다. 예를 들어 개원할 때 인테리어비용에 대한 지출은 단기간에 지출이 되지만 세법상 비용처리는 5년에 걸쳐 되기 때문이다.

병의원을 운영한다는 것은 사업을 한다는 것이고 사업을 한다는 것은 돈을 버는 것이다. 돈을 벌어서 세금을 내고서야 진짜 내 돈이 된다. 세금을 알고 관리할 수 있다면 많은 돈을 남기면서 병원을 운영할 수 있다.

과세표준	세율	누진공제
12,000,000원 이하	6%	-
12,000,000원 초과 46,000,000원 이하	15%	1,080,000원
46,000,000원 초과 88,000,000원 이하	24%	5,220,000원
88,000,000원 초과 150,000,000원 이하	35%	14,900,000원
150,000,000원 초과 300,000,000원 이하	38%	19,400,000원
300,000,000원 초과 500,000,000원 이하	40%	25,400,000원
500,000,000원 초과 1,000,000,000원 이하	42%	35,400,000원
1,000,000,000원 초과	45%	65,400,000원

위의 표는 소득세법상 개인소득에 대하여 내야 하는 세율이다. 오해하지 말아야 할 것은 벌어들인 돈(수입, 수입금액)에 세율을 바로 곱해서 세금을 내는 것은 아니다. 표에서 과세표준은 세금을 부과하는 표준 금액인데 사업과 관련된 총수입에서 비용을 차감한 순이익의 개념이다.

순이익 1억 5천이면 38%, 3억 이상이면 40%의 세율을 적용하고 5억 이상이면 42%를 낸다. 소득세에 10%의 지방소득세가 추가되어 실제로 1억 5천이면 41.8%, 3억 이상이면 44%, 5억 이상이면 46.2%, 10억 이상이면 49.5%를 낸다. 병의원의 연간 순이익이 3억이 넘는 금액에 대해서는 세금을 내고 나면 병의원이 56%, 국가가 44%로 흔히 말하는 6대 4보다 더 가져간다. 대형병원의 경우 순이익이 10억이 넘는 부분에 대해서는 그야말로 국가와 5:5로 나눠 가져야 한다. 그래서 세금을 좀 더 잘 알고 관리할 줄 알아야 절세를 해서 실제로 남는 순수입이 늘어날 수 있다.

세금은 금액이 많아질수록 세율이 높아지는 누진구조이기 때문에 단계별로 세율을 적용한다. 3억의 과세표준에 40%를 곱하면 수입에 대하여 모두 40%를 적용한 결과가 되기 때문에 1천2백만 원까지는 6%, 1천만 원 초과 4천6백만 원까지는 15%, 4천6백만 원초과 8천8백만 원까지는 24%...이렇게 단계별로 세금을 곱해서 계단식으로 계산하여 올라온다. 누진공제는 계산을 좀 더 간편하게 하기 위해 3억에 40%를 곱하면 이전단계 금액에 대해 40%를 곱하면 전체 금액에 40%를 적용하게 되므로 2천5백4십만 원을 차감해서 결과적으로 단계별로 세금계산한 금액과 동일해진다.

2

소득률이 뭔데 걱정이 되는 것일까?
(소득률 관리방법)

$$\text{당기순이익} = \text{매출액} - \text{필요경비(비용)}$$

$$\text{소득률} = \frac{\text{당기순이익}}{\text{매출액}}$$

소득률은 실제 수입액에서 필요경비(비용)를 차감한 순이익을 수입으로 나눈 비율을 말한다. 예를 들어 병의원의 소득률이 40%라면 수입금액이 1억 원일 때 1억 원에 40% 소득률을 곱해 계산한 4천만 원의 순이익이 생긴다는 것이다. 참고로 평균적인 소득률을 비교하면 병의원 중 성형외과의 경우 약 57.3%이고 정형외과가 25.2% 편차가 큰 편이다.

병의원 소득률

과세표준	평균율
일반과, 내과, 소아과	29.5%
일반외과, 정형외과, 신경외과, 항문과	25.2%
신경과, 정신과, 신경정신과	26.1%
성형외과	57.3%
피부과, 비뇨기과	31.7%
안과	30.5%
이비인후과	26.9%
산부인과	35.0%
한의원	43.4%
치과	38.3%
가정의학과, 재활의학과, 마취과, 결핵과	32.9%
약국	16.5%

국세청은 병의원의 평균소득률을 기준으로 신고가 잘 이루어지고 있는지 보완적으로 관리를 한다. 국세청에서 지역별, 국세청별로 참고를 하여 병의원의 세금신고에 큰 변동이 있지는 않은지 참고자료로 활용을 하는 것이다.

병의원은 개업초기 지출이 많기 때문에 소득률이 낮지만 수입이 안정화되는 경우 평균소득률 기준으로 ±10% 정도 수준을 유지하게 된다. 5년이 넘는 경우 평균소득률보다 상당히 높게 나온다. 매년 5월 혹은 6월 종합소득세를 신고하는데 종합소득세 신고안내문을 통하여 신고 전에 국세청에서 과거년도 소득률을 미리 알려주는데 평균소득률과 비교하여 20% 이상 차이나면 소득세를 신고하기 전에 신고에 유의하라고 안내를 한다.

그렇다면 국세청의 평균소득률을 꼭 지켜서 신고해야 하는 것일까? 예를 들어 다른 병의원에 비해 페이닥터와 간호사를 더 고용해서 병의원의 진료서비스를 향상시키고 첨단의료장비를 도입해서 공격적으로 병의원을 운영하면 소득률이 다른 병의원에 비해 20% 이상 적게 나올 수 있다. 이런 경우에도 국세청의 평균소득률 대비 20% 이상 차이나지 않도록 소득세를 신고해야 하는 것일까? 당연히 그렇지 않다. 평균소득률은 말 그래도 병의원의 평균소득률이기 때문에 각각의 병의원의 특수한 구조를 모두 고려하여 계산할 수는 없다. 단지 국세청에서 같은 병의원 업종코드별 평균수입액을 보완적으로 관리하는 것 뿐이다. 특히 병의원의 경우는 원장의 지명도와 경력으로 비보험수입이 많은 경우 소득률이 다른 병의원에 비하여 높을 수 있고 반대로 보험수입에만 집중하는 병의원의 경우 소득률이 상대적으로 낮을 수 있다. 예로 든 것처럼 진료서비스 향상을 위하여 경비를 아끼지 않는 경우에도 소득률이 낮을 수 있다. 병의원의 소득률이 낮아서 일부러 소득률을 높이는 경우 내지 않아도 되는 세금을 추가로 납부하여야 하고 반대로 소득률이 높아서 억지로 낮추는 경우 가사관련경비가 과도하게 반영될 것이다. 결국 소득률을 맞춰 순이익을 계산하는 것은 실제 벌어들인 순이익에 세금을 계산하는 것이 아니여서 세법과 맞지 않은 순이익에 세율을 곱하게 되는 것이다. 기본적으로 실제 병의원의 수입과 경비를 적격증빙을 갖추어 계산한다면 성실한 신고가 되는 것이다.

평균소득률이 개별 병의원의 상황을 고려하지 못하는 것은 너무 당연하며 평균소득률과 실제 병의원의 소득률 차이는 세금을 신고하기 전에 참고할 수는 자료가 될 수 있지만 소득률이 저조하다고 해서 소득률을 높여야 하거나 국세청의 세무조사를 받아야 하는 것은 아니다.

소득률은 맞추는 것이 아니라 병의원의 수입과 세금을 적극적으로 관리하는 도구로 삼아야 한다.

소득률 관리방법

1. 중간결산을 통하여 소득률을 체크한다.

병의원 원장의 1년간의 소득세는 그 다음연도 5월(성실신고의 경우 6월)에 계산이 된다. 다음연도 세금을 계산하기 위해 8월에서 11월 사이 담당 세무사와 중간결산을 통하여 당해연도 예상소득률을 확인해야 한다. 예상소득률이 과거에 비해 높을 것으로 예상된다면 혹시 빠진 비용이 있는지 확인하고 고정비투자 및 기타 추가적인 절세방안을 찾아봐야 한다.

2. 소득률의 추이를 확인한다.

적어도 과거 3년간 소득률을 확인해야 한다. 과거에 비해 소득률 변동이 큰 경우 원인을 찾아봐야 한다. 개원 후 안정이 되면 수입은 일정하더라도 소득률은 보통 높아지는데 초기 인테리어 시설비에 대한 감가상각비의 감소 등의 원인을 파악하여야 한다. 급격한 소득률의 변동은 언제나 이유가 있다.

3

세금을 계산하는 방법

세금을 계산하기 위해서는 몇 가지 단계를 거쳐야 한다. 전문가인 세무사가 세금을 계산해 알려주지만 세금을 어떻게 계산하는지 알고 있으면 세금을 좀 더 이해할 수 있다. 그냥 소득세가 아니라 "종합"소득세를 계산한다고 하는 이유는 한국의 세금은 개인의 소득을 모두 합하여 계산하기 때문이다.

1 단계: 종합소득금액을 산정하는 방법

총수입금액에서 필요경비를 뺀 금액이 종합소득금액이 된다. 총수입금액이란 일반적인 수입액이라고 보면 되고, 판매장려금이나 국고보조금을 받은 경우에 이 금액도 수익금액에 더한다. 필요경비란 수입을 벌기 위해 들어간 임대료, 인건비 등 비용을 말한다.

만약 장부작성을 하지 않는다면 기준경비율 대상으로 세금을 계산하는데 자료는 가지고 있지 않을 경우 인정하는 필요경비가 매우 낮고 가산세 등의 추가 부담이 있어 세금의 부담이 상당히 커진다. 병의원의 경우 개원과 동시에 복식부기의무자여서 세무장부를 꼭 작성해야 한다.

2 단계: 사업자의 종합소득 공제

종합소득금액에서 소득공제를 빼면 과세표준이 된다. 근로자들이 연말정산할 때 고려하는 소득공제를 사업자에게도 몇 가지 적용을 해준다. 이러한 소득공제에는 인적공제(본인 및 가족)와 연금저축공제 등이 있다. 기본공제는 1인당 150만 원을 공제한다. 배우자는 연간소득금액이 100만 원 이하인 경우에만 가능하다. 부양가족은 부모, 조부모로서 60세(2009년부터는 남녀 모두 60세) 이상인 자와 자녀 또는 동거입양자로서 20세 이하인 자, 그리고 형제자매로서 20세 이하 또는 60세 이상인 자가 해당된다. 장애인인 경우에는 연령과 관련이 없다.

추가공제로는 본인, 배우자, 부양가족 중 70세 이상인 자는 100만 원을 추가로 공제한다. 장애인은 1인당 200만 원을 추가로 공제한다. 본인이 배우자가 없는 여성으로서 부양가족이 있는 세대주이거나, 배우자가 있는 여성에 해당하는 경우 50만 원을 추가로 공제한다.

그리고 해당연도에 출생한 직계비속과 입양 신고한 입양자의 경우 1인당 연 200만 원을 공제하며, 기본공제대상자에 해당하는 자녀가 2인인 경우에는 연 100만 원을, 2인을 초과하는 경우에는 100만 원과 2인을 초과하는 1인당 연 200만 원을 합한 금액을 추가로 공제한다. 그 외에 기부금공제가 가능하고, 2000년 12월 31일 이전 가입한 개인연금저축은 불입한 금액의 40%(한도 72만 원)을 공제하며 2001년 1월 1일 이후 연금저축을 가입한 경우에는 300만 원을 공제한다.

3 단계: 산출세액

산출세액은 과세표준에 세율을 곱해서 계산하는데, 과세표준이 1,200만 원 이하인 경우 6%, 1,200만 원 초과 4,600만 원 이하인 경우 15%, 4,600만 원 초과 8,800만 원 이하의 경우 24%, 8,800만 원 초과 1억 5천만 원 이하는 35%, 1억 5천만 원 초과 3억 원 이하는 38%, 3억 원 초과 5억 원 이하는 40%, 5억 원 초과 10억 원 이하는 42%, 10억 원 초과는 45%의 세율을 적용한다. 세율이 개정된다고 해도 개정안이 미리 발표되어 세율이 개정되기 전에 미리 알 수 있으므로 바뀌는 세율에 따라 대비하면 절세를 할 수 있는 기회가 생긴다.

4 단계: 세액감면과 세액공제

세액감면이란 조세정책적인 목적으로 특정한 소득에 대해 세액의 일부나 전부를 면제하거나 경감하는 제도이다. 중요한 세액감면으로는 중소기업특별세액 감면이 있고, 간편장부대상자가 복식장부로 기장을 하는 경우 기장세액공제가 있다. 그 외에도 전자신고세액공제와 정치자금기부금 세액공제가 있다. 세액감면과 세액공제는 종류도 많고 적용되는 사유와 대상이 여러 가지라 사전에 꼼꼼하게 체크해봐야 한다.

5 단계: 기납부세액

기납부세액은 말 그대로 종합소득세를 신고 및 납부하는 시점보다 미리 납부했던 세금을 말하는데 종합소득세 신고를 할 때 납부할 세금에서 차감(정산)한다. 개인의 경우 매년 11월에 전년도 납부한 세액의 50%를 중간예납세액으로 고지하여 납부하게 된다. 병의원의 경우 요양급여비용과 의료급여비용 중 일정비율의 소득세를 미리 납부하도록 되어 있다. 중간예납세액과 원천징수납부한 세액의 금액을 기납부세액으로 공제하는 것이다.

6 단계: 주민세와 농어촌특별세

주민세는 대략적으로 소득세의 10%를 납부하게 된다. 일부 세액공제, 세액감면(수입금액증가세액공제 등)을 받은 경우에는 감면되는 소득세의 20%를 농어촌특별세로 납부해야 한다.

종합: 내가 내야 되는 세금은??

위의 6단계를 거치면 내가 내야 되는 세금이 계산이 된다. 산출세액에서 세액감면과 세액공제를 빼면 내가 내야 하는 세금이 된다. 다만 2가지를 고려해야 한다. ① 작년 11월에 미리 냈던 중간예납 세금(기납부세액)을 빼고 주민세와 농어촌특별세를 더하면 내가 내야 하는 세금이 계산된다. ② 수익을 벌어들이고 다음해 5월 말(성실신고 대상자의 경우 6월 말)까지 소득세와 주민세, 농어촌특별세를 함께 신고하고 납부하여야 한다.

4

종합소득세 구조 이해하기

통달병원 김 원장은 병원을 운영한 돈을 열심히 모아서 대출을 합쳐 임대용 상가를 구입하였다. 올해부터는 사업소득과 함께 부동산 상가를 임대하고 받은 부동산 임대소득이 발생하였다. 담당 세무사가 김 원장은 원래 병원을 운영한 사업소득만 있었기 때문에 사업에 대한 소득세만 냈는데 올해부터는 병원의 사업소득과 부동산임대소득을 합하여 소득세를 신고하고 내야 한다고 말한다.

종합소득세는 개인이 1년간 얻은 소득에 대하여 납부하는 세금으로서 모든 과세대상 소득을 합산하여 계산하고, 다음해 5월 1일부터 5월 31일(성실신고확인 대상 사업자는 6월 30일)까지 주소지 관할 국세청에 신고하고 납부하여야 한다. 김 원장은 병의원의 사업소득, 부동산임대소득에 대해 따로따로 세금을 내는 것이 아니라 사업소득과 부동산임대소득을 합하여 세금을 계산해야 한다. 각각 계산하는 것과 합하여 계산하는 것이 결국 같은 것 아닐까? 세금계산구조상 그렇지 않다. 소득이 증가하면 단계별로 세율이 상승하는 누진구조로 되어 있기 때문에 각각의 소득에 세율을 곱하는 것보다 합한 금액에 세율을 곱하는 것이 더 많기 때문이다.

소득을 합하여 계산하는 소득은 사업소득, 금융소득(이자 · 배당소득), 근로소득, 기타소득, 연금소득이 있다. 여기에 포함되지 않은 퇴직소득, 양도소득은 소득을 합하여 계산하지 않고 분리해서 따로 계산을 한다. 종합소득 하는 것 중에서도 예외가 있는데 2천만원 이하의 분리과세되는 이자, 배당소득, 분리과세를 선택한 연 300만 원 이하의 기타소득은 합산하지 않을 수 있다.

(1) 종합소득세 신고방법

소득이 발생한 연도의 다음 연도 5월 31일까지 종합소득세를 신고하고 납부하여야 한다. 다만 근로소득만 있는 경우 등은 연말정산을 하면 확정신고를 하지 않아도 된다. 만약 연도 중에 폐업을 하였거나 납부할 세금이 없더라도 종합소득세 신고는 하여야 한다.

(2) 종합소득세 중간예납

중간예납이란 11월에 작년 세금 낸 것의 반 정도의 세금을 미리 납부하는 것을 말한다. 미리 납부한 중간예납은 5월 확정신고 세금에서 차감하여 세금을 계산한다. 개인사업자의 경우 국세청이 중간예납세액을 계산하여 고지서를 발급해 준다. 중간예납으로 납부하여야 할 세금은 작년에 냈던 세금의 반정도의 금액이므로 올해 수입이 작년에 비해 많이 떨어졌거나 작년의 세금이 없는 결손 등의 경우에는 중간예납 세금을 따로 신고하고 납부할 수 있다.

5

종합소득에 합하는 소득은?

1월 1일부터 12월 31일 병의원의 사업소득과 다른 소득을 합하여 종합소득세를 계산하여야 하는데 합하여야 할 소득을 세법에서 정해두고 있다.

병의원 사업소득과 부동산 임대소득

세법에서 말하는 사업소득은 몇 가지로 나누어 볼 수 있다. 병의원을 운영한 사업소득과 부동산을 임대해주고 받은 사업소득이 있다. 근린상가를 임대하고 받는 부동산임대소득과 주택을 임대하고 받는 임대소득도 합산한다. 다만 주택임대업의 경우 벌어들인 소득은 연간 2천만 원 이하인 경우 다른 소득과 합산하지 않고 분리해서 세금을 낸다. 인적용역사업소득(3.3% 사업자소득)도 사업소득인데 병의원 이외 고정적으로 강의를 해서 벌어들이는 소득이 해당된다.

근로소득금액

개원을 하기 전 페이닥터로 근무한 경우 근로소득을 받는다. 근로소득금액은 총급여액에서 근로소득공제를 차감한 금액으로 종합소득에 합산하여야 한다.

금융소득

이자수입이 있거나 배당을 받은 경우 연간 2천만 원을 초과하는 경우 해당 금액을 합산한다. 이자나 배당은 비용(필요경비)으로 차감되는 금액이 없으므로 소득금액을 모두 합산하여야 한다.

연금소득

국가 등에서 받는 공적연금과 사적연금을 받는 경우 종합소득에 합산한다. 사적연금의 경우 연간 1천 2백만 원 이하인 경우 종합소득에 합하지 않을 수 있다.

기타소득

기타소득은 이자소득, 배당소득, 사업소득, 근로소득, 연금소득, 퇴직소득, 양도소득 외 소득인데 일시적, 우발적으로 발생한 소득이다. 세법에서 기타소득으로 열거된 소득만이 과세대상이다.

병의원 원장에게 가장 빈번하게 발생하는 것이 강의와 관련된 소득이다. 세법에서 일시적인 인적용역의 제공대가로 받은 소득으로 설명하는데 고용관계 없이 다수인에게 강연을 하고 강연료 등 대가를 받는 용역으로 규정하고 있다. 특강을 요청받아 강의를 하고 소득이 생긴 경우 기타소득이다. 하지만 대학 강의처럼 반복적으로 강의를 하고 받는 소득은 인적용역사업소득이다.

강의가 기타소득인지 인적용역사업소득인지에 따라 세금차이가 클 수 있다. 기타소득으로 하는 경우 소득의 60%를 비용처리하여 40%만을 소득으로 하고 해당 소득의 22%를 원천징수한다. A방송에서 특강을 하고 강의료 100만 원을 받았다면 40만 원만 소득이다. 다만 원천징수라는 것을 해야 하는데 특강 주체한 A방송이 특강료를 지급할 때 40만 원의 22%인 8.8만 원을 제외하고 91.2만 원만 준다. A방송은 다음달 10일까지 8.8만 원을 원장을 대신해서 세금을 신고하고 납부까지 한다. 이렇게 세금을 미리 떼서 대신 신고하고 납부하는 과정을 세법용어로 원천징수한다고 한다. 원장은 5월(혹은 6월)에 종합소득신고를 하면서 기타소득 40만 원을 합산하여 신고하고 내야 할 총 세금에서 미리 낸 8.8만 원을 차감하고 세금을 낸다.

강의로 받은 소득을 인적용역사업소득으로 본다면 어떻게 될까? B대학에서 강의를 하고 강의료를 100만 원 지급할 때 기타소득이 아닌 인적용역사업소득으로 지급을 한다면 기타소득과 달리 비용처리해주는 것은 없다. 인적용역사업소득도 원천징수를 해야 하는데 100만 원 소득에 3.3%인 3.3만 원을 빼고 96.7만 원만 지급을 하고 3.3만 원은 다음달 10일까지 원장대신 세무서에 신고 및 납부를 한다. 역시 원장은 5월(혹은 6월)에 종합소득신고할 때 인적용역소득 100만 원을 합해서 세금을 계산한 후 미리 냈던 3.3만 원을 차감하고 세금을 낸다.

세금을 적게 내기 위해 기타소득으로 신고를 하였더라도 실제 계속, 반복적으로 사업적인 서비스를 제공하였다면 인적용역소득으로 세금을 다시 계산할 수 있으니 주의하여야 한다.

6

종합소득세 신고유형은?

소득세는 총수입금액(수입)규모에 따라 기준경비율 또는 단순경비율 적용 대상자, 간편장부 대상자, 복식부기의무자로 나뉜다. 이렇게 나누는 이유는 어느 정도 수입 이하의 사업자들은 장부를 일일이 작성하고 관리하기 쉽지 않기 때문에 세금을 간편하게 계산하여 납부할 수 있도록 해주는 것이다.

소득세를 계산하는 세금의 구조는 매우 복잡하다. 사업을 하면서 세금의 구조까지 명확히 이해하고 세금을 신고하기란 쉽지가 않다. 세금신고를 제대로 하고 절세하기 위해서는 세무사의 도움을 받아야 한다.

안내문 유형	신고안내 대상	소득종류	기장의무
S	성실신고확인대상자	사업소득	복식부기 간편장부
A	전년도 외부조정신고자	사업소득	복식부기 간편장부
B	전년도 기장신고자(자기조정, 간편장부)	사업소득	복식부기 간편장부
C	전년도 복식부기 - 추계신고자(기준경비율)	사업소득	복식부기
D	기준경비율 적용 신고안내자 현금영수증 미가맹, 신용카드 등 상습발급 거부자, 복식부기의무 기준 수입금액 이상인 신규사업자	사업소득	간편장부
E	복수소득 또는 복수사업장 단순경비율 적용대상자 단일소득 + 타소득이 있는자	사업소득	간편장부
F	단일소득 단순경비율 적용대상자 중 과세대상자	사업소득	간편장부
G	단일소득 단순경비율 적용대상자 중 과세미달자 소득금액 150만 원 이상	사업소득	간편장부
H	단일소득 단순경비율적용대상자 중 근로장려금 안내 대상자	사업소득	간편장부
금융소득 Z	이자, 배당소득 2천만 원 초과자	금융소득	비사업자
주택임대 V	고가 1주택 소유자(본인거주 제외), 부부합산 2주택 자둥 월세 소득자, 부부합산 3주택 이상 소유자	사업소득 (부동산임대)	복식부기 간편장부
복수근로 X	2곳 이상에서 발생한 근로소득을 합하여 연말정산 하지 않은 사람	근로소득	비사업자
기타소득 Y	기타소득금액 300만 원 초과자	기타소득	비사업자
부동산해약 U	2013년 부동산매매계약 해약자	기타소득	비사업자
연금소득 W	사적연금소득 1,200만 원 초과자	연금소득	비사업자

병의원 등 전문직 사업자는 사업을 시작하면서부터 바로 복식부기의무자이다. 수입이 적은 경우 간편장부를 적용받을 수 있는 다른 사업과 달리 전문직의 경우 복식부기를 적용하여 정확하게 장부를 작성하여야 한다. 국세청에서 납세자별 과세대상을 5월 중에 우편으로 보내고 홈택스에서도 종합소득신고에 대하여 자세히 안내해준다.

7

성실신고 확인제란?

성실신고 확인제는 수입금액이 업종별로 일정 규모 이상인 개인사업자가 종합소득세를 신고할 때 장부기장 내용의 정확성 여부를 세무사 등에게 확인받은 후 신고하게 함으로써 개인사업자의 성실한 신고를 유도하기 위해 도입되었다. 진료과에 따라 차이가 있지만 개업초기 병의원 수입금액이 5억 원을 넘지 않더라도 개업 후 홍보와 진료에 대한 평판이 쌓이면 수입금액이 5억 원이 넘는 경우가 많다.

소득세를 계산하는 세금구조가 매우 복잡하다. 일반 사업을 하면서 세금의 구조까지 이해하고 세금을 신고하기란 쉽지 않다.

1. 농업 · 임업, 어업, 광업, 도매 및 소매업(상품중개업제외), 부동산 매매업(소득세법 제122조 제1항에 따른 부동산임대업), 그 밖에 아래 사업에 2번, 3번에 해당하지 아니하는 사업	해당연도수입금액 15억 원 이상
2. 제조업, 숙박 및 음식점업, 전기 · 가스 · 증기 및 수도사업, 하수 · 폐기물처리업 · 원료재생 및 환경복원업, 건설업(비주거용 건물 건설업은 제외하고, 주거용 건물 개발 및 공급업을 포함한다), 운수업, 출판 · 영상 · 방송통신 및 정보서비스업, 금융 및 보험업, 상품중개업	해당연도수입금액 7.5억 원 이상
3. 부동산임대업(소득세법 제45조 제2항에 따른 부동산임대업), 부동산관련 서비스업, 임대업(부동산임대업을 제외한다), 전문 · 과학 및 기술서비스업, 사업시설관리 및 사업지원서비스업, 교육 서비스업, **보건업** 및 사회복지서비스업, 예술 · 스포츠 및 여가관련 서비스업, 협회 및 단체, 수리 및 기타 개입서비스업, 가구내고용활동, [별표 3의3] 사업서비스업	해당연도수입금액 5억 원 이상

[별표 3의3]

구분	업 종
사업 서비스업	변호사업, 공인회계사업, 세무사업, 변리사업, 건축사업, 법무사업, 심판변론인업, 경영지도사업, 기술지도사업, 감정평가사업, 손해사정인업, 통관업, 기술사업, 측량사업, 공인노무사업

병의원은 보건업에 포함되어 수입금액 5억 원 이상이면 성실신고 대상이다. 성실신고 확인은 세무사가 세금을 계산하면서 하고 원장에게 확인 후 제출한다.

성실신고 확인제의 지원 및 제재

성실신고확인에 대한 지원으로 신고 및 납부기한을 종합소득세 신고기한 5월 31일에서 한 달 더 늘려 6월 30일까지 연장해준다. 성실신고확인서 작성과 결산 및 세금신고를 위한 여유시간을 주는 것이다. 다음으로 성실신고확인대상사업자로서 성실신고확인서를 제출한 자는 특별세액공제 대상 의료비와 교육비를 세액공제 해준다. 의료비와 교육비 지출한 금액의 100분의 15(일정한 난임시술비의 경우에는 100분의 20)에 해당하는 금액을 사업소득에 대한 소득세에서 공제한다. 또한 성실신고확인대상사업자인 병의원이 성실신고확인서를 제출하는 경우 성실신고 확인에 직접 사용한 비용의 100분의 60을 사업소득에 대한 소득세에서 공제한다. 공제한도는 120만 원이다. 병의원은 성실신고확인을 하는 세무사에게 결산조정료 이외 성실신고확인수수료를 지급한다. 예를 들어 병의원이 성실신고확인수수료 200만 원을 지급한다면 해당 비용의 100분의 60인 120만 원을 세금에서 차감해 준다.

성실신고확인의무를 위반하는 경우 채찍을 들기도 하는데 사업자에게 가산세와 함께 몇 가지 제재를 부과한다. 우선 병의원이 성실신고확인서를 제출하지 않은 경우 사업소득금액의 5%의 가산세를 부과한다. 성실신고확인을 하지 않은 경우 더 주의하여야 할 것은 병의원이 세무조사대상으로 선정될 수 있다는 것이다. 성실신고확인을 제대로 하지 않으면 병의원 운영에 대한 전반적인 세무조사가 가능하므로 주의하여야 한다.

성실신고 사업자가 공동사업인 경우

공동사업을 하는 병의원의 경우 해당 사업장의 수입금액이 5억원을 넘는 경우 성실신고확인을 해야 한다. 만약 구성원이 동일한 공동사업장을 2개 이상 갖고 있는 경우 공동 사업장 전체의 수입금액 합계액을 기준으로 성실신고확인여부를 판단하여야 한다. 공동으로 운영하는 병의원이 구성원 변동 없이 과세전환된 경우 면세와 과세 사업장 수입금액을 합산해서 판단한다.

병의원의 경우 해당 과세기간의 모든 종합소득에 대한 과세표준확정 신고를 하여야 하는 것이므로, 공동사업장 또는 단독사업장 중 어느 한 사업장만 성실신고 확인제 적용대상인 경우에도 신고 기한은 해당 과세기간의 다음 연도 6월 30일까지이다. 참고로, 공동사업장의 구성원이 성실신고 확인 대상자와 성실신고 확인대상에 해당하지 않는 자가 있는 경우 성실신고 확인 대상에 해당하지 않는 거주자는 5월 31일까지 소득세 신고를 하여야 한다. 예를 들어 통달병원 김 원장은 병원의 수입과 부동산임대 수입이 있다. 그런데 부동산을 동생과 지분을 각각 2분의 1씩 소유하고 있다. 김 원장의 병의원은 연수입 금액 5억 원이 넘어 성실신고확인대상 사업자이다. 김 원장은 병의원의 사업소득과 부동산임대소득을 6월 30일까지 성실신고확인하여 제출하여야 한다. 반면 김 원장의 동생은 부동산임대소득만 있다면 성실신고대상사업자가 아니기 때문에 5월 31일까지 소득세를 신고하여야 한다.

성실신고확인은 진짜 성실하게!

1. 성실신고확인대상인 병의원이 6월 30일까지 종합소득세 신고를 하지 못하고 기한이 지난 후 수정신고를 하는 경우 성실사업자에 대한 의료비 등 공제를 받지 못한다.

2. 성실신고확인대상인줄 알고 6월 30일까지 종합소득세 신고를 하려고 했더니 수입금액이 5억 원을 넘지 않은 경우 원래 종합소득세 확정신고기한인 5월 31일까지 신고기한을 넘겨 신고를 한 것이므로 기한 후 신고에 해당하고 가산세가 부과된다.

8

면세사업자는 매년 2월 사업자현황신고를 해야 한다.

병의원이 과세대상수입과 겸업하는 겸업사업자가 아니라면 (순수)면세사업자이다. 보통 사업자등록을 신청할 때 과세대상 진료가 없는 경우 면세로 신청을 하고 과세대상 진료와 면세대상 진료를 함께 하려면 일반사업자(겸업사업자)로 신청을 한다. 개업초기 면세로 개원을 했다가 나중에 과세수입을 추가하여 일반사업자(겸업사업자)로 변경할 수 있다.

글자 그대로 면세라는 것은 세금을 면제해준다는 것인데 실제로는 병원을 운영하면서 종합소득세 등 많은 세금을 내고 있다. 면세사업자는 부가가치세가 면제되는 사업자를 말하는 것이다. 우리나라는 사회정책적 목적 혹은 경제적 목적을 위하여 면세사업을 정하는데 보건의료에 대하여 부가가치세를 면제하기로 정하였다. 면세는 병의원의 세금부담을 줄여주기 위한 것이 아니라 병의원의 고객인 환자들의 부가가치세 부담을 없애주기 위한 것이다.

면세사업자는 부가가치세 신고를 하지 않고 1년에 한 번 연간 수입금액 등을 2월 10일까지 사업장 관할 국세청에 신고해야 한다. 사업장현황신고를 하면서 병의원의 연수입이 결정되며 이때 신고소득률을 예상할 수 있다. 병의원의 면세사업장현황신고서에 비보험, 건강보험, 의료급여 등 수입을 구분하여 작성해야 하고 의약품과 소모품 매입과 사용액을 적게 되어 있다. 성형외과, 피부과, 치과, 한의원, 한방병의원의 경우 수입금액 검토부표를 함께 작성해서 제출하여야 하는데 주요 의료기기 현황을 고가순으로 작성하고 진료유형별 비보험 수입금액을 작성하도록 되어 있다. 진료과별로 보툴리눔독소(보톡스), 실리콘, 임플란트, 감초 등 주요 재료비 사용현황도 함께 작성하도록 되어 있다. 사업장현황신고서를 2월 10일까지 작성하면서 병의원의 결산이 80% 이상 마무리 할 수 있도록 해야 한다. 2월 사업장현황신고할 때 수입금액과 종합소득신고 5월 혹은 성실신고 6월의 수입이 다른 경우 결산장부의 신뢰성에 손상이 가고 수입금액이 차이가 나는 경우 차이나는 수입금액의 0.5%에 해당하는 금액을 가산세로 납부해야 하는 경우도 생길 수 있다. 사업장 관할 국세청 혹은 지방국세청은 사업장현황신고를 하지 않은 경우, 사업장현황신고서 내용 중 수입금액 등 기본사항의 중요부분이 미비하거나 허위라고 인정되는 경우, 수입과 매입에 관한 계산서 내역이 사실과 현저하게 다르다고 인정되는 경우 사업자가 사업을 휴업 또는 폐업한 경우 사업장 현황신고 및 조사확인을 할 수 있다. 2월의 사업장현황신고 수입금액과 수입과 매입에 관한 계산서를 미리 파악하여 5월 혹은 6월 종합소득세 신고할 때 변동이 되지 않도록 주의하여야 한다.

9

손익계산서, 재무상태표, 조정계산서

손익계산서

손익계산서는 일정기간(1월 1일~12월 31일, 개원일~12월 31일, 1월 1일~폐원일) 동안 병의원에 사업과 관련하여 들어온 수입과 나간 비용을 합계한 것으로 그 차액이 순손익으로 나타난다. 보통 수입액은 요양급여수입, 의료급여수입, 비보험수입, 자동차보험수입 등 세부항목을 표시하고 수입원가에 기초의약품재고액과 당기 의약품매입액, 기말 의약품재고액을 구분하여 표시한다. 매출액(수입)에서 매출원가를 차감하면 매출총이익이 나오고 기타 판매비와 관리비에서 세부비용을 표시한다. 판매비와 관리비는 직원급여와 상여, 잡급, 퇴직급여 등 인건비관련 항목과 복리후생비, 기업업무추진비(접대비), 여비교통비, 세금과공과, 감가상각비, 임차료, 각종보험료, 차량유지비, 소모품비, 의료소모품비, 지급수수료 등의 비용을 계상한다. 매출총이익에서 각종 판매비와 관리비를 차감하면 영업이익이 나온다. 영업이익에서 영업외비용인 이자비용 혹은 클레임비용, 기부금 등을 빼면 소득세차감전 이익이 나오게 된다. 마지막으로 소득세 등 세금을 차감하면 당기순이익이 나온다.

손 익 계 산 서

제 3(당)기 20x1년 1월 1일부터 20x1년 12월 31일까지

회사명 : 잘아는 병원 (단위 : 원)

과 목	제 3 (당)기	
	금	액
Ⅰ. 매 출 액		**1,027,000,000**
요 양 급 여 수 입	700,000,000	
의 료 급 여 수 입	27,000,000	
비 보 험 수 입	200,000,000	
자 동 차 보 험 수 입	100,000,000	
Ⅱ. 매 출 원 가		**514,000,000**
진 료 수 입 원 가		**514,000,000**
기 초 치 료 의약품재고액	29,000,000	
당 기 치 료 의약품매입액	500,000,000	
기 말 치 료 의약품재고액	15,000,000	
Ⅲ. 매 출 총 이 익		**513,000,000**
Ⅳ. 판 매 비 와 관 리 비		**273,085,000**
직 원 급 여	79,000,000	
상 여 금	2,400,000	
잡 급	3,600,000	
퇴 직 급 여	3,000,000	
복 리 후 생 비	9,500,000	
접 대 비	36,000,000	
여 비 교 통 비	800,000	
통 신 비	1,000,000	
수 도 광 열 비	3,000,000	
세 금 과 공 과 금	1,485,000	
감 가 상 각 비	20,000,000	
지 급 임 차 료	43,000,000	
보 험 료	24,000,000	
차 량 유 지 비	20,000,000	
도 서 인 쇄 비	0	
소 모 품 비	14,000,000	
지 급 수 수 료	6,500,000	
의 료 소 모 품 비	5,800,000	
Ⅴ. 영 업 이 익		**239,915,000**
Ⅵ. 영 업 외 수 익		**0**
이 자 수 익		
Ⅶ. 영 업 외 비 용		**6,300,000**
이 자 비 용	5,000,000	
기 부 금	1,030,000	
잡 손 실	270,000	
Ⅷ. 소 득 세 차 감 전 이 익		**233,615,000**
Ⅸ. 소 득 세 등		**0**
Ⅹ. 당 기 순 이 익		**233,615,000**

재무상태표

재무상태표는 특정시점(매년 12월 31일) 회사의 자산과 부채내용을 자세히 밝히는 것으로 결산일인 12월 31일 현재 각 계정별 잔고를 좌우 균형을 맞춰 나타내는 표이다. 자산계정에는 병의원 사업용 계좌의 보통예금잔액, 중간예납한 선납세금, 유형자산의 내역과 감가상각누계액, 영업권이나 디자인 상표권 등 무형자산, 임차보증금 등을 표시한다. 부채계정에서 단기 혹은 장기 차입금 등 대출을 표시한다. 자산과 부채의 차이는 자본으로 표시하는데 개인사업자인 병의원은 법인사업자와 달리 자본이 큰 의미가 있는 것은 아니다. 개인사업자는 법인과 달리 자본금의 입금과 출금이 자유로우며 언제든 사업용 통장의 자금을 인출할 수 있고 회수할 수 있다. 병의원의 원장이 인출하는 것을 전부 인출금으로 처리하고 반대로 입금하는 경우에는 인출금으로 회수한 것으로 처리한 후 결산시 자본금에서 정리를 한다. 인출금이란 개인사업자인 원장에 대한 입출금을 관리하는 임시계정의 일종이다. 다만 인출금이 많아 부(–)의 금액이 될 때 초과인출금이 발생하는데 이 경우 초과인출금에 상당하는 인출이자는 비용처리를 할 수 없다. 자본계정에 당기순이익을 당기와 전기로 구분하여 표시한다.

손익계산서와 재무상태표는 복식부기의무자인 병의원은 모두 작성하여 국세청에 제출하여야 한다. 병의원은 사업시작부터 복식부기의무자이기 때문에 손익계산서와 재무상태표를 작성하지 않고 간편장부형식으로 신고를 하면 장부를 작성하지 않은 것에 대한 가산세를 내야 한다.

재무상태표

제 3기 20x1년 12월 31일 현재

회사명 : 잘아는 병원 (단위 : 원)

과목	제 6(당)기	
	금액	
자산		
Ⅰ. 유동자산		**151,000,000**
(1) 당좌자산		**136,000,000**
현금		10,000,000
보통예금		100,000,000
미수금		5,000,000
선급금		10,000,000
선납세금 / 소득세		10,000,000
선납세금 / 주민세		1,000,000
(2) 재고자산		**15,000,000**
치료의약품		15,000,000
Ⅱ. 비유동자산		**260,390,000**
(1) 투자자산		**0**
(2) 유형자산		**60,390,000**
기계장치	100,000,000	
감가상각누계액	45,100,000	54,900,000
비품	10,000,000	
감가상각누계액	4,510,000	5,490,000
(3) 무형자산	100,000,000	**100,000,000**
(4) 기타비유동자산		**100,000,000**
임차보증금		100,000,000
자산총계		**411,390,000**
부채		
Ⅰ. 유동부채		**57,000,000**
미지급금		5,000,000
예수금		2,000,000
단기차입금		50,000,000
Ⅱ. 비유동부채		**200,000,000**
장기차입금		200,000,000
부채총계		**257,000,000**
자본		
Ⅰ. 자본금		**321,656,646**
자본금		200,000,000
인출금		121,656,646
(당기순이익)		
당기 : 400,000,000 원		
전기 : 200,000,000 원		
자본총계		**154,390,000**
부채및자본총계		**411,390,000**

조정계산서

손익계산서와 재무상태표는 병의원의 손익상태와 자산 및 부채 상태를 그대로 나타내는 표이다. 손익계산서의 당기순이익에 세율을 곱하여 세금을 계산하지는 않는다. 회계상 이익을 세무상 이익으로 조정하는 과정이 필요하다. 이런 세무조정과정을 세무사가 진행을 하고 작성하는 서류가 세무조정계산서이다. 세무조정계산서는 수입금액(수입) 및 필요경비(비용)의 귀속시기, 자산 · 부채의 취득 및 평가 등 소득금액을 계산할 때 세법과 회계의 차이를 조정하기 위해서 작성하는 서류로써 소득금액조정합계표, 과목별 소득금액조정명세서, 소득구분 계산서 등이 있다.

Part 02

병의원의 수입을 관리하는 방법

1

병의원 수입 중 우선 확인해야 하는 사항은?

병원의 수입과 관련하여 국세청에서 해당 병의원의 진료과별 평균 수입액과 지역별 평균 수입액을 비교할 수 있다. 해당 병의원의 과거 수입액 증감여부와 전년대비하여 전체 수입액에서 보험수입이 차지하는 비율과 카드수입, 현금수입 비율을 종합적으로 확인할 수 있다. 수입액 증감과 신고소득률을 함께 확인한다. 개원 5년 정도 이후 평균 수입액과 소득률의 차이가 많다면 이유를 점검해 볼 필요가 있다.

신용카드사용과 함께 현금수입 비율 및 보험수입 그리고 비보험수입을 확인해봐야 한다. 최근에는 신용카드 사용이 일반화되어 현금수입이 줄어드는 추세이긴 하지만 현금수입의 경우 현금영수증 발행을 하여야 하므로 주의가 필요하다. 보험수입과 비보험수입은 진료과마다 특성이 있는데 한의원, 치과, 성형외과, 피부과 등은 다른 진료과에 비해 비보험수입이 많은 편이어서 현금수입이 많을 수 있다.

2

병의원의 수입은 어떻게 구성되어 있을까?

병의원 운영을 열심히 해서 수입을 올려놓았더니 세금으로 다 뺏기는 것 같다. 세금이 아깝긴 하지만 세금이 많더라도 수입은 많으면 좋다. 병의원의 수입을 구성하는 유형을 알면 수입을 어떻게 관리하고 증가시킬지에 대한 더 깊은 고민을 할 수 있다. 보험수입과 비보험수입을 비교해서 병의원의 장기적 진료 전략을 어떻게 짤지도 고민해 볼 수 있다.

병의원의 진료과마다 차이가 있지만 병의원의 수입은 건강보험이 적용되는 보험수입, 건강보험이 적용되지 않는 비보험수입, 자동차 사고와 관련한 자동차보험 수입으로 나눌 수 있다. 보험수입은 국민건강보험공단에 청구한 후 입금되는 수입이고 비보험수입은 고객이 수납하는 금액이다. 자동차보험은 자동차보험회사에서 입금하는 금액이 수입이다. 기타 산재보험의 경우에는 근로복지공단에서 입금받은 금액이다.

고객이 수납하는 금액은 보험수입액 중 본인부담금액과 비보험수입으로 구성된다. 고객의 본인부담금이나 비보험수입은 카드로 결제를 하거나 현금으로 결제 후 현금영수증을 발행한다.

보험수입	1) 본인부담금(30% 내외) - 신용카드, 현금영수증 등 2) 공단청구분(70% 내외) - 건강보험공단 입금
비보험수입	본인부담금(100%) - 신용카드, 현금영수증 등
자동차보험	보험회사 입금
산재보험	근로복지공단 입금

보험수입

보험수입은 병의원 환자가 진료를 받은 후 환자의 보험기관에서 진료비를 지급해 준다. 대부분의 보험기관 진료비는 국민건강보험공단에 청구하여 받는다. 병의원이 공단에 진료비를 청구하면 보험기관은 3.3%의 세금을 제외하고 지급을 한 후 세무서에 병의원을 대신하여 세금을 신고(원천징수신고)하고 납부한다. 보험기관이 3.3% 세금을 세무서에 신고하면 세무서에서는 병의원의 수입금액을 파악할 수 있다. 보험기관에서 지급한 금액의 3.3%를 역산하면 총 수입금액을 파악할 수 있기 때문이다. 결국 보험기관에서 지급한 진료비는 세무서에서 100% 파악하고 있으므로 수입금액의 누락이 생길 수가 없다. 병의원은 매년 5월(또는 6월)에 병의원에 대한 종합소득세를 계산할 때 진료비를 받을 때 3.3%의 세금을 미리 냈으므로 이를 빼고 납부를 하게 된다.

공단수입은 일반요양급여, 의료급여, 건강검진, 위탁검진 등으로 나눌 수 있고 보건소 위탁예방접종 수입도 확인하여야 한다. 건강보험수입은 본인부담금과 공단부담금으로 구분되는데 공단부담금은 국민건강보험공단에 보험료를 청구하여 받으며 해당 자료가 국세청에 통보된다. 건강보험수입 중 의료급여는 국민기초생활보장법에 의한 수급자 등에게 지방자치단체가 대신 지급하는 금액이다. 의료급여는 건강보험심사평가원에서 심사한 후 구청 등에서 지급한다. 자동차보험수입은 건강보험심사평가원에서 자동차보험 진료수가에 대하여 심사하여 지급한다. 심사 후 지급받은 보험수입은 각 자동차보험사별로 결정지급내역서를 받아 미리 납부한 소득세와 지방소득세를 차감 후 세금을 계산한다. 산재보험은 근로복지공단에서 진료비를 지급하며, 산재환자에 대한 의료수입이다. 산재보험 의료기관으로 지정받은 의료기관에 한하여 조회가 가능하다.

보험수입의 경우 진료를 완료하였더라도 청구를 늦게 한 경우 세무상 수입금액을 언제로 봐야 하는지에 대한 기준이 필요하다. 세법에서는 의료용역을 완료한 시점에 수입을 인식하므로 진료비를 청구가 늦거나 연말에 청구한 진료비가 다음해에 입금이 되더라도 진료를 완료한 시점에 모두 수입으로 계산하여야 한다. 예를 들어 12월 진료비를 1월에 청구하였고 2월에 입금이 되었다면 12월 수입으로 인식하여 세금을 계산하여야 한다.

의료보험수입	국민건강보험공단
의료보호수입	지방자치단체
산재보험수입	고용노동부
자동차보험, 상해보험수입	보험회사, 공제조합 등

비보험수입

비보험수입은 국민건강보험 등의 보험료 지급대상이 아닌 진료비이며 진료비 전액을 환자가 낸다. 비보험수입의 경우 병의원의 노하우 및 진료에 따라 측정되어 보험수입에 비해 상대적으로 고가인 경우가 많다. 비보험수입은 보험수입처럼 지급자가 원천징수하지 않고 환자로부터 카드수납이나 현금을 받기 때문에 세무서가 수입금액을 확인하기 어려울 수 있다. 그러나 최근 신용카드 사용이 일반화되어 대부분의 비보험수입이 노출이 되고 있으며 현금영수증 의무발급제도를 통해 수입금액을 대부분 신고하고 있다.

국세청에서 병의원을 세무조사하면 계좌에 비보험수입금액이 있지 않은지 확인한다. 사업용계좌 뿐만 아니라 원장의 개인계좌, 탈세혐의나 제보가 있는 경우 가족이나 직원계좌까지 확인을 할 수 있으니 비보험수입의 누락이 있지 않은지 사전에 점검을 해야 한다.

수입이 빠지지 않도록 주의!

병의원의 수입은 일반 사업과 달라서 빠지지 않도록 하는 것이 중요하다. 수입이 누락되는 경우 가산세 등의 추가적인 부담이 있기 때문이다. 수입이 빠지지 않기 위해서는 담당 세무사와 병의원 수입에 대한 충분한 이해와 소통이 필요하다. 병의원의 일반적인 건강보험공단의 수입과 비보험수입 이외 건강검진, 전자바우처 등의 수입이 있는 경우 추가적으로 설명이 필요하기 때문이다. 비보험수입의 경우는 차트로 관리하거나 병의원 내부에서 관리하여야 한다.

〈병의원 수입확인 홈페이지〉

* 국민건강보험 요양기관 정보마당 http://medi.nhis.or.kr
* 건강검진 청구 시스템 http://sis.nhis.or.kr
* 질병보건 통합관리 시스템 http://is.cdc.go.kr
* 보건복지부 사회서비스 전자바우처 http://www.socialservice.or.kr

3

시설장치를 처분할 때 이익과 손실

병의원에서 사용하던 의료기기나 집기, 시설장치 등 유형자산을 처분할 때 이익이나 손실이 날 수 있다. 실제로는 장부상 금액과 중고자산으로 파는 금액과의 차이가 이익이나 손실이 난다. 3년 전 개원할 때 구입했던 1억 원의 의료장비를 새로운 장비로 교체하기 위해 중고자산으로 팔려고 알아보니 중고자산 가치를 높게 인정해주지 않아 5천만 원에 팔아야 한다고 한다. 보통 장비를 살 때는 보상판매도 많이 하는데 중고자산의 가치를 조금 더 인정해주고 새로운 기계와 중고자산의 차액만을 지급하는 방식이다. 결국 중고자산은 6천만 원에 팔고 새로운 기계가 1.2억 원이라 차액 6천만 원만 지급하고 장비를 교체하였다.

세무장부상 계산은 조금 다르다. 3년 전 샀던 1억 원짜리 기계는 감가상각을 해서 장부가액은 4천만 원밖에 안 남아있다면 4천만 원 중고의료기기를 팔면서 6천만 원을 받는 걸로 계산을 한다. 그리고 새로운 의료자산은 새롭게 1.2억 원으로 자산으로 계상이 된다. 그러면 중고의료기기를 장부상 4천만 원짜리를 6천만 원에 팔았으므로 2천만 원의 이익이 나게 된다. 이때 세법에서 자산처분에 대한 이익으로 봐서 병의원 수입금액을 계산할 때 포함을 한다. 즉 병의원의 진료수입에 유형자산처분이익을 더해 세금을 계산하게 되는 것이다. 반대로 손실이 난다면 진료수입에서 차감하여 세금을 계산한다.

참고로 유형자산에 대한 처분이익은 과거에는 세금을 부과하지 않았지만 2018년 이후 모든 사업용 유형자산에 대하여 사업소득으로 세금을 부과하고 있다. 한편 간편장부대상자의 경우에는 처분손익에 대하여 세금을 계산하지 않지만 병의원의 경우 개업과 동시에 복식부기의무자이므로 처분이익에 대해 과세가 된다.

4

진료비 삭감금액의 처리와 부당과다청구로 인한 환수금액

건강보험 공단부담금을 청구했는데 간혹 건강보험심사평가원(심평원)에서 청구액을 삭감하는 경우가 있다. 병의원의 경우 1월에서 12월의 수입금액을 그 다음해 2월 10일까지 면세사업장 현황신고를 하는데 이때 1년의 수입금액을 확정하여 신고를 한다. 그런데 11월이나 12월에 건강보험공단에 공단부담금을 청구한 금액이 2월 10일까지 확정되지 않고 오히려 심평원에서 청구액을 삭감하는 경우 면세사업장현황신고할 때의 수입금액보다 적을 수 있다. 이런 경우 2월 10일에 진행한 면세사업장현황신고때 반영했던 수입금액에서 차감하여 5월 종합소득세(성실신고사업자는

6월)를 신고를 하여야 세금부담을 줄일 수 있다. 만약 삭감금액에 대하여 심평원에 이의신청을 하여 일부 또는 전부 수납을 받게 되는 경우 추후 수납되는 시점에 다시 의료수입을 처리하여야 한다.

진료수입 중 부당과다청구로 진료비가 환수된다면 수입금액에서 차감하여야 한다. 그런데 일반적으로 진료연도에 과다청구액을 삭감하지 않고 과거 진료분에 대해 심사를 하여 지급했던 보험수입금액을 삭감을 한다. 건강보험심사평가원에서 삭감하기로 하였다면 과다 지급한 금액을 환수하는데 세법상 언제 수입금액을 어떻게 조정해야 하는지에 대한 문제가 생긴다. 예를 들어 ×1년 진료에 대하여 ×3년에 공단의 심사를 받아 과다청구액이 삭감되었다면 (1) ×3년 수입금액에서 ×1년 수입금액을 차감하여 ×3년 세금을 줄여서 계산하는지, (2) ×1년 수입금액을 ×3년에 수정하여 ×1년 세금 신고를 다시 해야 하는지 문제가 된다. 소득세는 해당연도의 수입금액에 대하여 신고를 하도록 되어 있고 수입금액의 변동이 생기는 경우 해당연도의 수입금액을 수정하여 신고하도록 되어 있다. 그러므로 (2)번과 같이 ×1년도의 수입금액을 수정신고하여 세금을 돌려받아야 한다. 하지만 실무상 (2)번과 같이 하려면 국세청에 세금신고를 수정하여 담당 조사관의 확인을 거쳐야 하는 번거로움이 있어 (1)과 같이 부당환수에 대한 확정이 ×3년에 되었으므로 환수가 확정된 ×3년의 수입금액에서 조정하기도 한다.

5

사업용계좌 관리하기

병의원은 하나 이상의 사업용계좌를 국세청에 신고하여야 한다. 적어도 하나 이상 신고하지 않으면 사업용계좌를 사용하지 않은 금액의 0.2%에 해당하는 금액의 가산세가 나올 수 있다. 병의원의 사업용계좌는 원래 사용하던 개인통장을 그대로 사용할 수 있고 신규로 개설하여 사용할 수도 있다. 사업용계좌를 여러 개 등록할 수 있고 한 개의 계좌를 여러 사업에 대하여 사업용계좌로 신고할 수도 있다.

사업용계좌는 거래의 대금을 결제하거나 결제받을 때, 인건비 및 임차료를 지급하거나 지급받을 때 사용하도록 되어 있다. 사업용계좌의 관리방법은 거래별로 구분하여 사용하는 것이다. 우선 모든 수입은 사업용계좌로 들어오게 한다. 건강보험에서 받는 의료급여와 환자가 신용카드로 결제하는 본인부담금과 비보험급여, 자동차보험회사에서 입금한 보험금액 등 모든 수입이 들어오도록 한다. 반대로 비용은 사업용계좌에서 처리되도록 한다. 임대료와 인건비, 사업과 관련된 신용카드의 결제가 사업용계좌를 통하여 지급될 수 있도록 한다.

좀 더 사업용계좌를 적극적으로 관리하고 싶다면 고정비용계좌를 분리하는 것이 좋다. 수입을 하나의 사업용계좌에 입금되게 한 후 월간 고정비 성격의 임대료나 인건비 금액을 비용계좌로 일괄이체 후 비용계좌에서 이체되도록 하는 것이다. 수입계좌와 비용계좌를 분리하면 고정비용에 대한 관리가 용이하다는 장점이 있지만 매월 비용을 한 번씩 확인하여야 하는 번거로움이 있을 수 있다. 만약 변동비와 고정비를 나누어 관리가 가능하다면 병의원의 사업비용에 대한 업무를 실장이나 간호사에게 맡겨 매월 확인할 수도 있다. 사업용계좌에서 고정비용과 관리비를 구분하고 비용관련계좌로 이체하여 해당 계좌에서 비정기적인 비용을 관리할 수 있다.

1. 모든 수입은 주사업용계좌에 들어오게 한다.
2. 관리비는 신용카드를 사용 후 주사업용계좌에서 이체하도록 한다.
3. 고정비용과 변동비용을 나누어 고정비관리 계좌를 만든다.
4. 고정비용은 고정비관리 계좌로 일괄 이체 후 지급한다.
5. 개인적 사용에 대한 중간계좌를 만들어 관리한다.

더 중요한 것은 원장의 수입과 기타 개인적인 사용에 대한 이체 방법이다. 사업용계좌의 입금액은 원장의 사업소득이므로 사업소득에 대한 세금을 제외하고 자유롭게 사용할 수 있다. 다만 배우자나 가족 등에게 주는 생활비나 개인적인 계좌이체는 추가로 관리하여야 한다. 사업용계좌에서 배우자에게 주는 생활비나 개인적 비용은 직접 배우자에게 직접 이체하지 말고 원장의 개인계좌에 이체를 한 후 개인계좌에서 배우자의 계좌로 이체하는 것이 깔끔하다. 사업용계좌에서 배우자 생활비 등을 이체할 때 중간계좌를 사용하는 이유는 사업과 관련없는 이체내역을 따로 관리하기 위해서이다. 혹시라도 모를 사후검증이나 세무조사 과정에서 통장을 확인하게 되는데 중간계좌를 사용하는 경우 더 깔끔하게 설명할 수 있다. 세무조사 과정에서 사업용계좌를 살펴보게 되는데 사업용계좌에서 배우자에게 이체된 금액에 대하여 국세청은 생활비인지 증여금액인지 구분을 할 수 없고 증여여부를 판단하기 위해 배우자의 계좌를 추가로 요청할 수 있다. 만약 사업용계좌에서 배우자에게 이체하는 경우 원장의 개인 중간계좌를 사용한다면 사업용계좌에서 개인계좌로 이체한 자가금융이체거래로 정리할 수 있기 때문에 배우자계좌까지 설명하지 않을 수 있다.

6

현금수입 관리

병의원은 현금영수증발행의무대상자이다. 과거 병의원은 비보험진료에 대하여 현금을 받고 수입금액으로 신고하지 않는 경우가 있었다. 최근에는 현금영수증발급에 대한 제재가 강화되고 신용카드 사용이 많아져 대부분 현금매출을 신고한다. 기본적으로 현금수입이 건당 10만 원 이상이라면 현금영수증을 매 건마다 발행하여야 한다. 병의원의 수입 중 보험대상에서 환자의 자기부담금의 경우 건강보험공단자료가 국세청에 통보되기 때문에 모두 노출이 된다. 반면 비보험급여 현금수입은 현금영수증을 발행하지 않으면 국세청이 하나하나 알 수는 없다. 국세청이 요청하는 경우 사업용계좌를 검증할 수 있고 성실신고확인서 검토 시 사업용계좌의 수입누락을 알 수 있기 때문에 현금수입을 숨기는 것이 어려워졌다. 과거 병의원은 비보험수입을 누락하여 신고하였던 경우가 많아서 국세청에서는 여전히 병의원의 비보험수입의 누락을 눈여겨 보는 편이다. 병의원이 세무조사를 받게 되면 사업용계좌뿐만 아니라 원장의 개인 계좌에 입금된 금액에 대하여 원장이 설명할 수 없으면 현금수입으로 추정하여 과세할 수 있으므로 현금수입에 주의를 하여야 한다.

현금영수증 발급 시 환자의 주민등록번호나 휴대전화번호를 입력하여 발행하면 된다. 만약 10만 원 이상 진료에 대하여 현금을 지불하였고 환자가 현금영수증발행이 필요없다고 한 경우에도 현금을 받은 날부터 5일 이내 국세청지정코드인 010-000-1234로 자진발급하여야 한다.

건당 10만 원 이상 현금수입에 대하여 현금영수증을 발행하지 않으면 가산세가 있다. 2019년 이후 수입의 경우 발급거부금액에 20% 가산세가 부과되고 2018년 이전 발급거부액의 경우에는 미발급액의 50%의 과태료를 부과한다. 2020년이더라도 과거 5년간 수입누락이 발견되는 경우 현금영수증 미발행금액에 대하여 2018년 이전 수입에 대해서는 50% 과태료를 부과하고 2019년 이후 금액에 대해서는 20% 가산세를 부과할 수 있으므로 여전히 현금수입 누락 금액에 대하여 주의하여야 한다.

현금영수증 가맹점으로 가입하지 않은 경우	가맹점 가입의무 불이행 : 해당 과세기간의 수입금액(계산서 및 세금계산서 발급분 제외) × 미가입 기간/365(366) × 1%
현금영수증 가맹점의 현금영수증 발급거부 또는 사실과 다른 발급	현금영수증 발급거부 또는 사실과 다른 발급 : 통보받은 건별 발급거부금액 또는 사실과 다르게 발급한 금액(건별 발급하여야 할 금액과의 차액) × 5%
현금영수증 의무발행업종이 현금영수증을 미발급한 경우	미발급금액 × 20%
현금영수증 의무발행업종이 현금영수증을 미발급한 경우(2018년 이전분)	미발급금액 × 50% 과태료부과

7

차트관리하는 방법

대부분의 병의원의 경우 전자차트와 전자장부를 사용한다. 공단 보험수입의 경우 전자차트에서 청구를 하고 비보험수입의 경우에도 차트관리를 할 때 수입금액을 관리한다. 간혹 비보험진료의 경우 전산관리를 하지 않고 별도의 수기장부를 따로 관리하는 경우가 있다. 세무조사나 사후검증을 하는 경우 현금수입누락에 대해 유의하여 검증을 하는데 전자차트에 비보험수입에 대하여 관리를 하지 않는 경우 수기 장부를 요청하게 되고 사업용계좌의 내역과 비교하여 누락분이 있는지 검토를 한다. 더욱이 전자차트가 일반화되어 있는 요즘 수기장부를 제출하는 경우 신뢰성에 의문을 삼기도 하기 때문에 주의하여야 한다.

1. 사업용계좌로 받은 현금을 수입금액에 포함하였지만 현금영수증을 발행하지 않은 경우에도 가산세를 내야 하나요?

현금영수증을 발행하지 않은 금액이 건당 10만 원이 넘으면 현금수입금액을 사업용계좌에서 확인하여 수입금액에 누락하지 않았더라도 발급하지 않은 것에 대한 가산세는 물어야 한다.

2. 총진료비는 27만 원이지만 3회에 나누어 9만 원씩 내고 진료하는 경우에도 현금영수증 발행을 하여야 하나요?

총진료비로 계산을 하면 10만 원이 훨씬 넘지만 3회에 걸쳐 진료를 받으므로 현금수입이 건당 9만 원으로 계산할 수도 있다. 이 경우 의료행위는 총진료로 보아 총진료비 27만 원을 1건으로 보고 10만 원이 넘는 현금영수증발행대상 가산세를 부과할 수 있다.

참고로 현금영수증발행은 10만 원 미만이라도 해야 한다. 다만 가산세는 10만 원부터 부과하기 때문에 건당 10만 원 이상의 현금수입은 꼭 발행을 해야 한다.

8

건강보조식품수입과 피부관리용역수입

병의원에서 진료 이외 피부과에서 판매하는 로션이나 건강보조식품, 영양제 등을 판매하는 경우가 많다. 또는 피부관리용역을 제공하여 수입을 얻는 경우도 많다. 이러한 병의원에서 판매하는 건강보조식품이나 피부관리 용역의 경우 부가가치세가 면세되는 항목이 아니다. 병의원에서 부가가치세가 과세되는 수입이 생기는 경우 세금을 신고하는 방법은 2가지가 있다. 첫 번째, 일반과세자로 사업자를 전환하여 과세사업과 면세사업에 대한 수입금액을 신고하는 방법, 두 번째, 병의원 이외 일반과세자 등록을 하여 사업체를 운영하는 방법이다.

첫 번째 방법은 병의원 수입이 면세수입과 과세수입이 함께 있는 경우 병의원의 사업자등록증에 과세부분을 추가하여 일반과세자(겸업사업자)로 정정신고를 한다. 부가가치세 일반과세자(겸업사업자)는 부가가치세 신고와 납부를 하여야 하는데 이때 과세사업 수입금액과 면세사업 수입금액을 함께 신고하고 세금을 납부한다.

두 번째 방법은 병의원의 사업자 이외 사업자를 새로 개설하여 과세사업자를 따로 관리, 운영하는 것이다. 이 방법은 병의원은 기존 그대로 면세사업자로 관리하여 다음해 2월 10일까지 면세사업자현황신고를 하고 과세사업자인 일반과세자의 경우에는 부가가치세 신고를 하여야 한다.

종합소득세는 개인사업에서 생긴 소득을 모두 합산하여 신고하므로 첫 번째 방법[일반과세자(겸업사업자)] 혹은 두 번째 방법(면세사업자와 추가일반과세사업자)의 세금은 동일하다. 면세사업의 수입금액과 과세사업의 수입금액을 합산 후 사업과 관련된 비용을 차감한 순수입에 대하여 세금을 납부하기 때문이다.

과세사업부분에 대하여 법인을 설립하여 운영할 수 있는데 병의원의 소득세와 과세사업을 영위하는 법인으로부터 받는 근로소득을 합산하여 신고하고 법인은 일반과세자로 부가가치세 신고를 한다. 병의원의 소득 이외 과세사업소득이 커질 것으로 예상되는 경우 법인으로 운영하는 것이 세금면에서 절세할 수 있다. 실무상 개인사업자로 과세부분을 운영 후 규모가 커지는 경우 법인으로의 전환을 고려한다. 법인사업자를 설립하여 과세사업을 하는 것은 세금이 유리할 수도 불리할 수도 있으니 추가적인 세금컨설팅이 필요하다.

9

지인들에게 진료비를 감면해줄 때 수입금액 처리는?

"원장의 특수관계인의 할인금액이 수입으로 산입될 수 있다."

원장이나 간호사의 지인이 진료로 오는 경우가 많다. 비보험금액의 할인은 수입금액 그대로 신용카드나 현금영수증 발행금액으로 신고하면 된다. 문제는 본인부담금까지 할인해 주는 경우다. 원장 등의 지인에게 본인부담금을 할인하거나 무상으로 진료하는 경우 정상 진료가액을 수입금액으로 포함하여야 한다. 비록 돈을 모두 받지 못하였지만 본인부담금 수입금액은 정상진료금액을 기준으로 해야 하는 것이다. 예를 들어 한의원에 지인이 와서 한약탕재비용을 무상으로 제공한 경우 한약원재료비와 탕재비용은 확인되지만 수입금액이 확인되지 않는 경우 해당 탕재비용을 수입으로 해야 하는 것이다.

10

병의원에 결손이 난 경우

병의원 사업으로 벌어들인 이익보다 비용이 많아 손해가 나서 결손이 난 경우 해당 연도에 사업과 관련한 세금은 나오지 않는다. 그런데 개원초기 비용이 많아서 결손이 나고 다음해 이익이 나는 경우 결손을 '0'으로 계산하고 다음해 이익만으로 세금을 계산한다면 조금 합리적이지 않다는 생각이 든다. 그래서 결손금은 다음해로 이월을 하여 다음해 이익이 생긴다면 결손금만큼 차감한 이익에 대해서만 세금을 계산한다.

병의원에서 생긴 사업에 대한 결손금은 앞으로 10년간 이월하여 공제할 수 있다. 3년간 결손이 나다 4년째부터 이익이 나는 경우 결손이 난 3년간의 결손금을 모두 제외하고 이익이 생기는 연도부터 세금을 내면된다. 병의원의 경우 복식부기 의무자로 대부분 장부를 작성하여 신고를 하지만 여러 가지 이유로 장부가 없이 추정하여 세금을 계산(추계)하였다면 결손금이 이월되지 않는다.

병의원 사업소득 이외 다른 소득이 있다면 병의원에서 생긴 결손금을 다른 소득과 상계할 수 있을까? 병의원에서 결손이 났는데 강의를 하고 받은 기타소득이 있다면 기타소득에 대한 세금은 내고 병의원의 결손은 다음해로 넘겨야 될까? 그렇진 않다. 병의원의 결손을 다른 소득과 상계하고도 이익이 난다면 이익난 부분에 대해서만 세금을 신고하고 납부하면 된다. 물론 기타소득을 상계하고도 결손이 난다면 다음해로 이월할 수 있다. 다만 부동산임대업에서 발생한 결손은 다른 소득과 상계가 되지 않고 다음연도 이월 후 10년간 부동산임대소득에서만 차감을 한다.

Part 03

지출(비용)관리하는 방법

"절세는 지출관리에서 시작된다"

의약품 매출원가 = 기초의약품 재고액 + 당기매입 의약품 매입액 − 기말 의약품 재고

판매비와 관리비 요약

인건비	페이닥터, 간호사, 간호조무사, 위생사, 물리치료사 등(Net급여처리)
퇴직금	퇴직금지급액 혹은 퇴직연금제도 활용
복리후생비	직원의 식대, 유니폼, 직원경조사비, 회식대 등
기업업무 추진비(접대비)	거래처 기업업무추진비(접대비)(연간 3,600 + @)
여비교통비	직원의 외근 등을 위한 교통비 지급액
통신비	전화 및 인터넷 사용료
수도광열비	수도 및 전력비 등
세금과공과	의사 면허세 등 각종 세금
감가상각비	자산 및 비품의 감가상각비
지급임차료	병의원 임차료, 리스료 등
보험료	화재보험료, 의료사고배상책임보험 등
차량유지비	차량의 주유비, 수리비 등
소모품비	의료소모품 이외 소모품, 사무용품비 등
광고선전비	광고 및 홍보비
의료소모품비	소모성 의료소모품(재고관리 필요없는 관리비 대상)
지급수수료	협회비, 국세청비스비용 등
기부금	기부금 단체에 지급한 기부금
잡손실	건강보험공단 삭감금액, 의료사고 배상비용 등

1

병의원의 주요경비

병의원의 진료과마다 차이는 있지만 국세청에서는 수입액대비 주요경비율을 보조 자료로 활용을 한다. 주요경비는 인건비, 임차료, 재료비, 복리후생비, 기업업무추진비(접대비), 소모품비 등을 말한다. 주요경비를 관리하는 방법은 적격증빙을 갖추어야 하고 대금지급을 사업용계좌로 하는 것이다. 적격증빙은 신용카드나 세금계산서 등을 받는 것이고 인건비 신고는 매월 혹은 반기별 원천징수신고 및 제반 의무를 꼭 지키는 것이다. 인건비 신고는 정규직의 급여 뿐만 아니라 일용직의 급여를 원천징수해서 국세청에 신고하고 납부해야 경비로 인정받을 수 있다. 간혹 종합소득세를 신고하는 시점에 빠진 인건비 신고를 하는 경우가 있는데 인건비를 지급한 시기에 원천징수에 대한 수정신고를 하여야 한다. 만약 적격증빙수취금액과 실제 지출한 금액의 차이가 난다면 국세청에서 해당 차이에 대해 사후적으로 소명을 요구할 수 있으므로 세금신고 전에 차이에 대한 원인을 찾아야 한다.

재료비는 주요 의약품이나 의료 소모품 등을 구입하는 데 사용되는 비용이다. 면세사업자의 경우 다음해 2월 10일까지 면세사업자 수입신고를 하여야 하는데 이때 의료업자 수입금액 검토표에 의약품과 소모품, 마취제 등의 매입과 수입에 대해 작성하고 신고하여야 한다. 국세청의 사후검증이나 세무조사 시 주요 재료비로 대략적인 수입을 역산해보기도 한다. 예를 들어 치과의 경우 임플란트 재료비와 기공료 비율을 역산하여 수입을 역산해 보는 것이다. 해당 재료비는 병의원의 운영차원에서도 관리를 잘 해야 한다. 수입액 대비 주요 재료비율을 통하여 정확한 이익률을 알 수 있기 때문이다. 연도말 재고를 통하여 당기 수입원가를 파악할 수 있는데 기초의 재료와 당기에 구입한 재료비에서 기말재료비를 차감하면 당기 사용한 재료이므로 당기 매출원가(수입원가)를 알 수 있는 것이다.

면세사업자의 경우 다음해 2월 10일까지 면세사업자 사업장현황신고를 하여야 한다. 이때 수입금액검토부표를 함께 제출하여야 하는데 작성해야 하는 주요 재료비는 다음과 같다.

〈수입금액검토부표에 작성해야 하는 주요재료비〉

피부과, 성형외과	보툴리눔독소(보톡스), 실리콘, 콜라겐, 고어텍스, 셀라인, 하이드로겐
치과	임플란트, 교정용브라켓, 금(골드)
한의원, 한방병의원	감초, 녹용, 당귀

판매비와 관리비 중에서 복리후생비, 기업업무추진비(접대비), 광고선전비, 차량유지비, 지급수수료, 소모품비 등은 병의원 업종 평균 비율과 과거 신고한 내 병의원의 비율을 비교하여 종합소득세 신고 전에 알려준다. 혹시라도 과다하게 지출된 비용계정이 있다면 다시 한 번 검토해 봐야 한다.

최근에는 친인척의 인건비에 대해서도 검증을 한다. 간혹 배우자나 친인척이 병의원에 근무를 하지 않음에도 불구하고 직원으로 근무를 하는 것으로 위장 취업하는 사례가 있다. 실제 근무하지 않은 친인척의 인건비는 비용을 부인하고 원장의 소득에 합하여 다시 세금을 계산할 수 있으므로 주의가 필요하다.

	평균율	주요경비율	기타경비율
일반과, 내과, 소아과	29.5%	42.6%	27.9%
일반외과, 정형외과, 신경외과, 항문과	25.2%	47.3%	27.5%
신경과, 정신과, 신경정신과	26.1%	46.9%	27.0%
성형외과	57.3%	26.6%	16.1%
피부과, 비뇨기과	31.7%	42.4%	25.9%
안과	30.5%	40.8%	28.7%
이비인후과	26.9%	42.1%	31.0%
산부인과	35.0%	42.2%	22.8%
한의원	43.4%	37.7%	18.9%
치과	38.3%	44.5%	17.2%
가정의학과, 재활의학과, 마취과, 결핵과	32.9%	52.1%	15.0%
약국	16.5%	78.6%	4.9%

2

세법이 인정하는 증빙관리

증빙관리를 하는 이유

병의원을 운영하면서 지출을 하는데 세법에서는 통장의 인출금액만으로 비용처리를 해주진 않는다. 세법에서 정한 증빙을 갖추어야 비용처리를 해주는데 대표적으로 세금계산서, 신용카드영수증, 현금영수증이다. 증빙을 갖추지 못하면 비용처리를 하지 못하거나 증빙이 없는 것에 대한 추가적인 세금을 부담하여야 하므로 증빙관리를 하는 것이 세금을 관리하는 것이라고 해도 과언이 아니다.

증빙관리를 하는 이유 : 비용처리

- **사업비용 인정**
  - **세법에서 정한 증빙을 받은 경우**
    - 사업용비용인정
  - **세법에서 정한 증빙을 받지 못한 경우**
    - 일반지출의 경우
      - 비용처리는 되지만 가산세 있을 수 있음
    - 기업업무추진비(접대비)의 경우
      - 3만 원을 초과한 경우 비용처리를 할 수 없음
- **매입세액공제 (겸업사업자 vat)**
  - **세법에서 정한 증빙을 받은 경우**
    - 과세사업과 관련있다면 매입세액공제 가능
  - **세법에서 정한 증빙을 받지 못한 경우**
    - 과세사업과 관련있더라도 매입세액공제 불가능

증빙관리가 절세의 기본이다.

증빙관리가 중요한 이유는 지출한 금액을 사업상 비용으로 인정을 받아야 하기 때문이다. 병의원이 일반과세자(겸업사업자)인 경우 세법이 정한 증빙을 갖추어야만 과세사업에 사용한 지출에 대해서는 부가가치세 매입세액을 공제를 받을 수 있다. 병의원에 대한 사업소득을 간단하게 말하면 벌어들인 것에서 쓴 비용을 차감하는 것인데 쓴 비용은 무조건 돈이 나갔다고 인정해 주는 것이 아니라 법적으로 정해놓은 증빙을 갖추어야 인정을 해준다. 사업상 수입과 연관이 된 비용만 인정을 하기 위해 비용에 대한 엄격한 기준이 있기 때문이다. 결론적으로 세법이 정해 놓은 법적증빙을 제대로 챙기지 않는다면 돈을 지불하고도 비용으로 인정받지 못하거나 추가적인 가산세를 납부하여야 하므로 불필요한 세금을 많이 내야 하는 경우가 발생할 수 있다.

법정증빙의 종류는?

병의원은 세금계산서, 신용카드수입전표, 현금영수증 등 법적으로 정한 정규증빙 또는 기타의 증빙으로 거래사실을 입증해야 비용을 인정받을 수 있다. 그러면 국세청에서 인정하는 법적 증빙은 어떤 종류가 있을까? 법이 정한 증빙은 세금계산서, 신용카드수입전표와 현금영수증, 지로용지, 면세사업자가 발행한 면세계산서, 원천증빙영수증이다.

법률이 정한 증빙 이외 모든 증빙은 사적증빙이라고 부른다. 대표적인 것들로 견적서, 입금표, 회사의 거래 명세서 등이 있다. 이러한 사적증빙들은 법적증빙으로 인정을 받을 수 없지만 비용처리에 대한 증빙으로 보조적인 역할을 하고 법적증빙이 없는 경우 가산세를 조금 납부하더라도 비용처리가 가능하다.

세금계산서와 계산서의 차이는?

세금계산서와 계산서의 차이는 부가가치세의 유무인데, 과세사업자들이 발행하는 것이 전자세금계산서 혹은 세금계산서이고 면세사업자들이 발행하는 것이 (면세)계산서이다. 면세사업자가 대부분인 병의원에서 계산서가 익숙하지 않은 것은 발행할 일이 많지 않기 때문이다. 병의원 환자들은 수입에 대해서는 개인고객들이여서 신용카드나 현금영수증을 발행하기 때문에 계산서를 굳이 발행할 일이 별로 없다.

간혹 의료약품을 구입할 때 병의원은 면세사업자인데 세금계산서를 받아도 되는지 또는 상대방이 간이사업자라서 영수증을 준다는데 (면세)계산서를 받아야 되는게 아닌지 헷갈릴 수 있다. 세금계산서나 (면세)계산서는 발행하는 사업자를 기준으로 생각을 해야 한다. 병의원은 면세사업자지만 거래상대방이 일반과세자라면 전자세금계산서나 세금계산서 또는 신용카드 영수증을 발행해 주면, 병의원에서는 해당 증빙을 잘 받아서 보관한 후 세무사에게 전달하여 지출증빙으로 사용하면 된다. 최근에는 대부분 전자세금계산서 및 신용카드수입전표를 전자적으로 발행하므로 증빙을 받아서 보관하기가 쉽다.

만약 상대방이 면세사업자라면 (면세)계산서나 신용카드 영수증을 받아서 증빙으로 사용하면 된다. 증빙은 발행하는 사업자 유형에 따라 달라지는 것이므로 지출증빙을 받는 병의원의 입장에서는 해당 증빙이 빠지지 않도록 관리하고 비용처리하는 것이 중요하다. 간혹 상대방이 법적증빙을 주지 않고 통장으로 이체만을 원하는 경우 원칙적으로 법적증빙을 다시 요구하여 받아야 하고 그래도 여러 사정상 받지 못한다면 견적서, 계약서 등의 사적증빙과 함께 견적서와 계약서에 명시된 계좌로 이체한 이체내역으로 비용처리를 할 수 있다. 이런 경우 법적증빙을 갖추지 못한 것에 대한 가산세 부담이 있지만 사적증빙을 통해서라도 비용처리를 하는 것이 세금을 줄일 수 있으므로 훨씬 이득이다.

법적증빙이 없는 경우
: 일반지출과 기업업무추진비(접대비)

- **일반지출**
  - 지출건당 3만 원 이하는 모두 인정
  - 지출건당 3만 원 초과는 비용처리는 인정하지만 가산세를 물어야 한다.
- **기업업무추진비(접대비)**
  - **기업업무추진비(접대비) 한도계산**
    - 병의원 기본 연간 3,600만 원
    - 매출액의 일정비율을 더 해준다.
  - **일반기업업무추진비(접대비)**
    - 지출건당 3만 원 이하는 모두 인정
    - 지출건당 3만 원 초과는 기업업무추진비(접대비) 비용자체를 인정하지 않는다.
      기업업무추진비(접대비) 한도계산도 하지 않고 모두 비용처리 하지 않는다.
  - **거래처 경조사비**
    - 지출건당 20만 원 까지는 청첩장 등으로 확인해서 비용처리한다.
    - 20만 원 초과하는 경우 초과한 부분은 인정하지 않는다.
      예) 30만 원인 경우 20만 원까지만 경조사비로 처리

법적증빙을 갖추지 못한 경우 위의 표와 같이 처리가 된다. 비용이 기업업무추진비(접대비)인 경우와 기업업무추진비(접대비)가 아닌 일반적인 비용인 경우로 나누어 생각을 해야 한다. 기업업무추진비(접대비)인 경우 3만 원을 초과한 경우에는 법적 증빙을 갖추어야 기업업무추진비(접대비)로 인정을 받고 추가적으로 기업업무추진비(접대비) 한도계산을 할 수 있다. 만약 3만 원 초과 부분에 대한 법적 증빙이 없다면 기업업무추진비(접대비) 비용자체를 인정받을 수 없다. 다만 법적증빙을 받을 수 없는 거래처 경조사비는 20만 원까지 인정받을 수 있다. 이때에도 청첩장이나 조문문자 등을 구비해 놓는 것이 중요하다.

기업업무추진비(접대비)가 아닌 일반 판매관리 비용의 경우 건당 3만 원 이하는 소액으로 법정증빙이 아니여도 비용은 인정해준다. 다만 3만 원이 초과한 비용에 대해서는 적격증빙을 갖추지 못하면 가산세를 납부하여야 한다.

* 적격증빙 없이도 전액 손금부인하지 않는 소액 기업업무추진비(접대비) 기준금액 : 3만 원 이하(경조사비 20만 원 이하)

증빙과 관련하여 자주 하는 질문들

1. 사업자 카드로 물건을 구입하고 받은 영수증을 따로 모아 놓아야 하나요? 개원 전 페이닥터 할 때, 대표원장님은 항상 카드 영수증을 모아놓으셨는데, 개원 후 주변에 알아보니, 카드 영수증을 따로 모을 필요가 없다고 하시는 분들도 제법 계셔서 여쭤봅니다.

- 신용카드영수증을 홈택스에 사업용 신용카드로 등록해 두었다면 신용카드 사용내역을 세무대리인이 확인을 할 수 있습니다. 따로 엑셀로 주실 필요도 없습니다. 그런데 해당 내역을 확인해서 병의원 관련 지출을 비용처리하다 보면 내역을 봐도 잘 모를 수 있습니다. 예를 들어, 쿠팡과 같은 온라인 상거래로 구입하신 것들은 무엇을 구입한지 알 수 없고 쿠팡으로만 적혀 있습니다. 그래서 복잡한 내역이나 설명이 필요한 증빙들을 따로 보내주시면 카드 영수증을 하나하나 모으실 필요는 없습니다. 신용카드 이외 법정증빙이 아닌 것은 따로 확인하기 어려우므로 꼭 보관하셔야 합니다.

2. 사업용 카드를 여러 개 만들어서 (1) 대표원장, (2) 실장급 직원(직원들 회식 및 간식 및 기타 외근 시 사용), (3) 데스크(택배 및 기타 근무시간 중에 데스크에서 카드결제 해야 하는 상황들) 등에게 카드를 분배해서 사용하게 하려 하는데요. (2)번에 해당하는 실장급 직원이 외근하거나, 외부 손님 오셨을 때 식사 대접하거나 등등 비용으로 사용하는 것에는 문제될 만한 것이 없나요?

- 말씀대로 신용카드를 지출유형별로 나눠서 관리하면 좋습니다. (2)의 경우 병의원 이외 지역에서 사용하는 경우 국세청에서 가사용 경비로 의심할 수 있어 특이사항에 대해서는 따로 메모해두시는 것이 좋습니다. 누구와 식사를 했는지 국세청에 제출하지는 않지만 관리 목적상으로도 필요하므로 내부적으로 서류를 만들면 좋습니다. 예를 들어, 직원이 외부손님과 식사를 한 경우 기업업무추진비(접대비)로 처리하고 메모해두시면 좋습니다.

3. 세무적인 측면에서 계좌이체 후 세금계산서를 받는 것과 국세청에 등록된 카드로 결제하는 것 중 어떤 것이 좋나요?

- 세금계산서와 신용카드 모두 법적증빙이므로 둘 다 상관없습니다.

4. 홈택스 등록된 개인카드 경비처리할 용도로 쓸 때 할부 없이 일시불로만 해야 하나요?

- 일시불이나 할부 모두 비용처리 가능하므로 상관없습니다. 카드대급을 결제하는 방식의 차이일뿐 지출금액 경비처리 되는 것은 동일합니다.

5. 사업자 계좌처럼 사업자 신용카드는 별도로 만들지 않는 것인가요? 법인카드처럼요.

- 의료법인이 아닌 병의원은 개인사업자입니다. 은행에서 사업자로 신용카드를 발급해 주기도 하지만 모두 개인명의 신용카드입니다. 그래서 따로 법인카드를 만들 필요는 없습니다. 원장님의 개인신용카드를 홈택스에 미리 등록시켜 놓으면 편하게 관리할 수 있습니다. 기존에 갖고 계신 카드 중에서 사용하는 카드를 홈택스에 미리 등록시켜 놓고 사용하시면 됩니다.

3

관리비 증빙처리 방법

기업업무추진비(접대비), 복리후생비, 광고 선전비와 같은 비용은 거래처나 불특정 다수 등 상대방이 있는 비용이다. 이외 비용들은 보통 사무실을 운영하는데 사용하는 비용들인데 전력비, 전화비 등의 관리목적으로 사용되는 고정적인 지출들이다. 이런 비용들은 전자세금계산서를 받거나 신용카드로 결제를 하기 때문에 기업업무추진비(접대비)와 같은 지출에 비해 증빙을 갖추는 것이 어렵지는 않다.

일반관리비

전력비, 전화비, 스마트폰요금 등 공공요금은 전자세금계산서를 받을 수 있다. 세금계산서를 개인사업자 명의로 받아야 하는데 한국전력이나 각각의 통신사에 사업자번호로 세금계산서 발행을 신청하면 된다. 공공요금은 모두 전자세금계산서로 발행되기 때문에 국세청에 전자세금계산서매입을 일괄적으로 확인해 볼 수 있다. 전력비와 통신비는 전자세금계산서를 받아 겸업사업을 하는 병의원의 경우에는 부가가치세 매입공제를 받을 수 있으며 면세사업자인 병의원은 사업소득계산시 부가가치세를 포함하여 비용으로 인정받을 수 있다. 수도료는 면세대상으로 계산서를 받으면 전액 비용으로 인정받을 수 있다.

사업장 임차료 관련 비용처리

병의원의 임차료는 건물주인 임대인이 전자세금계산서나 세금계산서를 발행해 준다. 만약 임대인이 간이과세자라면 따로 세금계산서는 발행해주지 않기 때문에 사업용계좌에서 임차료 내역을 확인하여 임차료 비용처리를 한다. 만약 임대차계약 시 임대인이 임대료를 낮게 계약서를 쓰거나 계약서를 두 장 쓰기로 하고 임대를 한다고 할 경우 임차하고 있는 병의원의 경우 난감한 상황이 발생할 수 있다. 이러한 경우에도 병의원 입장에서 임차료를 전액 비용으로 계상하지 못하는 것은 아니다. 다만 이체내역 등으로 다운하여 적은 임차료가 아닌 실제 임차료에 대한 증빙을 꼭 갖추고 있어야 한다. 임대인이 발행한 세금계산서는 다운금액이므로 실제금액과 다운금액차이만큼 적법한 증빙을 받지 못한 것에 대한 가산세가 발생한다. 병의원 입장에서는 가산세가 발생하더라도 병의원의 비용으로 인정받는 것이 훨씬 절세에 도움이 된다.

4

기업업무추진비(접대비)와 복리후생비

비용성격에 따라 증빙관리에 주의하여야 할 필요가 있다. 가장 중요한 증빙관리에는 기업업무추진비(접대비), 직원들의 복리후생비 등이 있다. 대부분의 경우에는 세금계산서나 신용카드영수증을 증빙으로 챙겨놓으면 되지만 애매한 경우가 있다. 이런 경우 어떻게 증빙을 갖추고 있으면 될까?

병의원을 운영하면서 접대성 성격의 비용을 나누는 것이 첫 번째이다. 비용을 쓰면서 사사건건 나누어야 된다는 의미는 아니다. 우선 접대성 비용의 성격과 기타 비용을 왜 나누는 것이 중요한지 알고 세금을 계산할 때 적정하게 세무 처리하는 것이 중요하다.

기업업무추진비(접대비) 증빙은 다른 증빙관리에 비해 더 철저하게 해야 한다. 앞에서 본 것처럼 일반 지출은 증빙이 없더라도 이체명세서 등으로 확인이 되면 가산세를 조금 부담하더라도 비용처리가 가능하지만 기업업무추진비(접대비)는 증빙이 없으면 비용처리가 불가능하기 때문이다. 참고로 접대를 누구에게 했는지 자세하게 적어서 관리할 필요까지는 없다.

병의원홍보를 도와주는 마케팅 담당회사 사장님과 오랜만에 만나 기분 좋게 삼겹살에 소주를 먹고 신용카드로 계산을 했다. 다음날 해장할 겸 해서 간호사들과 점심으로 국밥을 먹고 이번에도 신용카드로 계산을 했다. 거래처 사장님과 저녁을 먹은 비용도 사업과 관련이 있고 직원들과 점심을 먹으면서 계산한 비용도 사업과 관련이 있다. 하지만 이 두 비용을 손익계산서에 반영하는 계정별 비용처리가 다르다. 사장님과 먹은 저녁식사는 기업업무추진비(접대비)로 처리하고 직원들과 먹은 점심식사비용은 복리후생비로 처리한다.

병의원 비용은 성격에 따라 꼬리표를 달아 세금을 계산한다. 지출 성격에 따라 비용처리를 달리해야 한다. 기업업무추진비(접대비)와 복리후생비는 이름만 차이나는 것이 아니라 한도계산, 적격증빙 유무에 따라 세금 계산할 때 비용처리에 상당한 차이가 난다.

기업업무추진비(접대비)란 사업과 관련해서 특정 상대방을 위해 지출하는 비용이다. 주로 원활한 거래관계를 유지하거나 새로운 영업활동과 관련된 지출항목으로서, 식대, 거래처 축의금 등의 형태로 지출되는 것이 일반적이다. 세법에서는 사업관련성을 인정하여 비용처리를 하되 소비성 경비로 보아 다른 경비에 비해 몇 가지 엄격한 요건을 갖추는 것을 요구한다. 건당 기업업무추진비(접대비) 지출액이 3만 원(경조사비는 20만 원)을 초과하는 경우에 적격증빙인 신용카드나 세금계산서, 계산서 등을 수취하지 않게 되면 비용처리 자체를 인정하지 않는다. 사장님과 저녁을 먹고 현금주고 현금영수증을 받지 않았다면 비용으로 1원도 인정받지 못하는 것이다. 다만 증빙을 갖추기 어려운 축의금 등 경조사비는 건당 20만 원 이하 경우에는 청첩장이나 부고장으로 지출증빙을 대신할 수 있다. 두 번째 제한은 기업업무추진비(접대비)는 한도가 있다. 병의원의 경우 기본 3,600만 원과 수입금액에 일정 비율을 곱한 금액까지 기업업무추진비(접대비)로 인정을 한다. 사업상 관련이 있고 접대를 아무리 많이 하였다 하더라도 한도를 초과하는 금액은 비용으로 인정받을 수 없는 것이다.

복리후생비는 동일한 비용이더라도 지출이 누구를 위한 것인가를 기준으로 하는데, 경조사비나 식대, 선물 등이 거래처가 아닌 회사의 임직원을 위해 지출되는 경우에는 복리후생비로 처리하게 된다. 복리후생비도 물론 적격증빙인 신용카드 영수증 등을 수취

하여야 한다. 3만 원을 초과하였는데 적격증빙을 갖추지 못한 경우라도 복리후생비용자체를 부인하는 것이 아니라 적격증빙을 받지 못한 것에 대한 가산세를 추가하여 납부하게 된다. 기업업무추진비(접대비)와 비교하면 복리후생비의 경우 3만 원이 초과하였더라도 비용처리는 가능하므로 기업업무추진비(접대비)에 비해 상대적으로 엄격하지는 않다. 또한 복리후생비의 경우에는 세법에서 구체적인 한도 규정을 두고 있지는 않다. 다만 사회통념상 타당하다고 인정되는 범위를 벗어나는 복리후생비는 세무상 비용으로 인정받지 못할 수 있다. 이때 회사의 경조사비 지급규정, 경조사의 내용, 법인의 지급능력, 종업원의 직위나 연봉 등을 종합적으로 감안해서 사회통념상 타당한 범위 내인지를 판단하게 된다.

항상 강조하는 것이지만 절세의 첫 걸음은 꼼꼼한 지출증빙을 받아두는 것이다. 최근에는 신용카드나 현금영수증제도를 손쉽게 사용할 수 있어 지출증빙을 갖추는 것이 어렵지도 않다. 가장 기초적인 기업업무추진비(접대비)와 복리후생비의 차이를 알고 세금관리를 하면 지출관리의 반은 알고 있다고 해도 과언이 아니다.

사업과 관련된 경조사비 & 직원의 경조사비

거래처 경조사비는 기업업무추진비(접대비)로 20만 원까지 비용으로 인정된다. 기업업무추진비(접대비)와 경조사접대비를 합쳐서 연간한도를 계산한다. 경조사접대비의 경우 청첩장이나 부고 문자 등으로 증빙을 갖추면 된다. 주의할 것은 원칙적으로 사업과 관련된 경조사비만 인정이 된다는 것이다. 개인적인 선후배나 친인척의 경조사비는 사업과 관련있다고 보기 어려운 경우 경비처리가 되지 않는다. 결과적으로는 경조사의 성격으로 비용을 부인할 수 있다.

간호사나 직원이 결혼할 때 지급하는 경조사비는 복리후생비로 처리하여 건당 한도 20만 원의 적용을 받지 않고 사회통념상 타당하다고 인정되는 범위 내에서 지급할 수 있다. 경조사 지급규정이나 직급을 고려하여 지급하면 복리후생비로 전액 비용으로 인정받을 수 있다.

정리하면 사업과 관련된 경조사비는 건당 20만 원까지 증빙을 갖춘다면 기업업무추진비(접대비) 한도금액 이내에서 경비처리가 가능하고, 직원에게 지급하는 경조사비는 복리후생비로 처리하며 연간한도 20만 원 이상이라도 경비처리가 가능하다. 두 가지 모두 관련 증빙은 갖추고 있어야 한다.

5

어떤 지출이 복리후생비에 포함이 되나?

복리후생비는 직원들의 복지와 후생을 위해 사용한 비용을 말한다. 손익계산서에 지출에 대한 계정별 분류는 법에서 정해놓은 것은 아니지만 되도록 성격에 맞게 처리하여야 한다.

식대(병의원에서 점심을 제공하는 경우)

병의원 실장에게 식대지출에 사용하는 카드를 제공하는 경우 복리후생비로 처리한다. 혹은 병의원에서 식당과 계약을 맺어 점심을 제공하는 경우에도 복리후생비로 처리한다. 간혹 직원들의 개인카드로 점심을 먹고 따로 청구하는 경우 직원이 사용한 신용카드를 제공받아 비용처리 할 수 있는데 병의원의 사업용 증빙이 아니기 때문에 식대청구에 대한 관리를 하여야 한다. 만약 간이영수증으로 식대를 처리하려면 건당 3만 원 미만인 경우에는 가능하지만 3만 원 이상인 경우 가산세 문제가 있고 실제 지출인지 입증해야 하므로 되도록 신용카드 등 정규증빙을 사용하여야 한다.

원장(사업자)부담 4대보험료

4대보험은 국민연금, 건강보험, 고용보험, 산재보험이다. 4대보험은 직원 급여에서 부담액을 차감하여 갖고 있다가 사업장부담금과 합하여 공단에 지급하도록 되어 있다. 예를 들어 간호사에게 월급 300만 원을 줄 때 간호사의 4대보험 30만 원 정도를 뺀 270만 원을 지급하고 다음 달 10일까지 간호사부담금 30만 원과 사업장부담금 30만 원을 합친 60만 원을 공단에 지급하도록 되어 있다. 넷급여에 대해선 다시 설명하겠지만 넷급여로 300만 원을 주기로 했다면 간호사에게 300만 원을 지급하고 공단에 60만 원은 원장의 돈으로 모두 지급해야 한다.

직원이 많을수록 4대보험에 대한 원장부담금이 커질 수밖에 없다. 이때 직원급여에서 차감한 직원부담분은 급여로 처리되지만 사업자가 부담한 4대보험료는 복리후생비로 비용처리한다.

직원에게 주는 경조사비

직원이 결혼을 하거나 기타 경조사가 있는 경우 원장이 모르는 척 할 수 없다. 엄밀히 생각해보면 개인적 비용이라기보다 병의원의 직원에 대한 지출이니 사업용 지출로 인정받을 수 있을 것 같다. 그래서 직원에 대한 경조사비는 기업업무추진비(접대비)로 처리하지 않고 복리후생비로 처리한다. 기업업무추진비(접대비) 경조사비는 건당 20만 원의 한도가 있지만 직원에 주는 경조사비는 한도가 있지는 않다. 다만 세법에서는 사회 통념상 타당하다고 인정되는 범위 내에서 복리후생비로 인정을 한다.

간호사복 등 피복비

병의원 간호사 등 직원은 유니폼을 입는 경우가 많다. 이때 유니폼 구입대금은 복리후생비로 처리한다. 유니폼은 보통 사업자에게 사는 경우가 많으므로 세금계산서나 신용카드로 영수증을 갖고 있으면 비용처리가 가능하다.

회식비나 체육행사관련 비용

앞에서 들었던 예처럼 직원들과 회식을 한 경우나 체육행사를 했다면 관련 비용은 복리후생비로 처리한다. 관련 비용에는 식사 및 음료대, 행사 참가비 등이 있다. 회식이나 행사에 대한 증빙을 잘 갖추어 두어야 복리후생비로 처리할 수 있다.

직원 기숙사 관련 비용

직원에게 기숙사를 제공하고 월세나 관리비를 제공하는 경우 복리후생비로 인정된다. 직접 구입하여 기숙사로 제공하는 경우에는 건물에 대한 감가상각비를 비용처리 할 수 있다. 이때에도 직원이 기숙사로 사용하고 있음을 입증하여야 하므로 직원의 기숙사 사용기간, 기숙사 사용에 대한 규칙 등에 대한 개별서류를 갖추어 놓아야 한다.

6

상품권 구입 및 사용

병의원 중간결산을 했더니 수입이 증가하여 소득률이 상당히 높아질 것으로 예상이 된다. 상품권을 사서 비용처리를 하고 싶은데 상품권을 사는 경우 기업업무추진비(접대비)일까 복리후생비일까? 정답은 상품권을 산다고 비용처리가 바로 되는 것은 아니라는 것이다.

상품권은 살 때 비용으로 처리하는 것이 아니고 상품권을 사용할 때 비로소 비용으로 처리하는 것이다. 상품권을 사서 원장 개인 쇼핑에 사용할 수도 있고 상품권으로 거래처에 명절선물을 할 수도 있고 직원들에게 보너스로 줄 수도 있다. 원장개인 쇼핑에 사용된 상품권은 가사경비로 비용처리가 불가능하고 거래처에 명절선물을 대신해 주었다면 기업업무추진비(접대비) 한도계산을 한다. 직원들에게 준 것은 복리후생비나 직원의 급여에 포함하여 신고하여야 한다.

세무조사과정에서 세무조사관은 상품권 사용에 대한 구체적인 증빙을 제시할 것을 요구하며 접대하였다면 누구에게 얼마를 하였는지 직원에게 주었다면 지급내역에 대한 확인서 등을 요구한다. 추가적인 증명을 하지 못하면 가사경비로 추정하여 과세할 수 있다. 사실 국세청입장에서 상품권을 사용하는 것에 대하여 좋지 않게 생각을 한다. 대부분 개인적으로 사용하려고 상품권을 샀다고 보기 때문이다. 상품권의 구입은 신용카드로 구입하거나 현금으로 구입하고 현금영수증을 발급받은 경우 조회를 할 수 있다. 하지만 다른 경우에는 국세청이 구입자체를 조회할 수는 없다. 다만 세금을 계산하는 과정에 상품권사용 계정에 대한 회계처리가 있다면 추가적으로 소명을 요구한다.

상품권사용 케이스

1. 명절에 상품권을 VIP 환자들에게 지급하였다[기업업무추진비(접대비)].
   병의원의 VIP 고객에게 명절 선물을 대신하여 줄 수 있다. 국세청은 대부분 병의원 치료비나 약 값을 할인해 주거나 피부약이나 한약 등으로 선물하는 경우가 일반적이라고 생각한다. 이 또한 상품권을 지급한 VIP 환자들의 명단과 성명, 관계 등을 명단으로 정리해 놓아야 한다.

2. 간호사에게 설 상여금으로 상품권을 지급하였다(인건비).
   상여금을 현금으로 주는 대신 상품권으로 주는 경우 인건비에 포함하여 신고를 하여야 한다. 상품권금액만큼 인건비에 추가하여 신고하므로 4대보험과 소득세 및 지방소득세가 부과된다. 세무조사과정에서는 간호사 인터뷰를 통하여 사실 여부를 확인할 수 있다.

3. 간호사 생일에 상품권 30만 원을 지급하고 있다(복리후생비).
   간호사 생일에 상품권을 30만 원을 지급하고 있다. 병의원에서 가장 믿을 만한 케이스이다. 간호사의 생일과 지급내역, 간호사 인터뷰를 통하여 사실 여부를 확인해 볼 수 있다.

4. 매월 상품권을 300만 원씩 구입하고 있다. 혹은 연말에 상품권을 사놓는다(가사용경비).
   매월 상품권을 구입한다고 하여도 바로 비용으로 인정받지는 못한다. 간혹 연말에 세금이 많이 나오는 것이 두려워 상품권을 구입하는 경우도 있다. 구입한 금액을 모두 기업업무추진비(접대비)로 처리하는 경우가 있는데 국세청의 세무조사나 사후검증 과정에서 접대목적으로 사용하지 않고 개인적으로 사용하였다고 판단되면 전액 비용을 부인할 수 있어 주의하여야 한다. 특히 최근에는 종합소득세 신고를 할 때 상품권 구입에 대한 사전 안내를 하고 있어 세금을 줄이려다 더 큰 세금을 내야 하는 경우도 있으니 주의하여야 한다.

종합: 케이스에서 알 수 있듯이 실제 사용에 대한 증명이 중요하다. 실제로 상품권을 어떻게 사용하였으며 확인 등을 통하여 세무조사관이 충분한 이해를 할 수 있는지가 중요하다.

7

광고선전비
(마케팅비용)

기업업무추진비(접대비)는 특정인에게 사업과 관련하여 지출하는 비용이고 광고선전비는 불특정 다수에게 사업과 관련하여 광고나 홍보 목적으로 지출하는 비용이다. 비용지출을 한 상대가 특정인인지 불특정 다수인지에 따라 기업업무추진비(접대비)와 광고선전비로 구분을 할 수 있다. 이 구분이 중요한 이유는 기업업무추진비(접대비)는 1년간 한도계산을 하고 증빙을 더 엄격하게 갖추어야 하지만 광고선전비는 한도가 없기 때문이다. 또한 광고비의 경우 개당 3만 원 이하 증정품의 경우 증빙은 엄격하게 규정하고 있지 않다. 성명, 상호 등이 뚜렷하게 새겨진 펜, 사무용품, 달력 등 보편적으로 나누어 줄 수 있는 개당 3만 원까지의 소액물품에 대해서는 일괄적으로 광고선전비로 전액 비용처리를 할 수 있다. 따라서 3만 원 이하 소액물품은 특정인에게 기증을 하는 경우에도 전액 손금으로 인정이 된다. 소액이지만 특정인에게 연간 5만 원까지는 기업업무추진비(접대비)로 보지 않고 광고선전비로 비용처리를 할 수 있다. 정리하자면 광고선전비로 인정받기 위해서는 불특정 다수에게 지출하는 광고 홍보 목적의 지출이지만 연간 5만 원까지의 광고선전비에 대해선 특정인에게만 지출하였더라도 모두 광고선전비로 처리할 수 있다.

* 기업업무추진비(접대비)로 보지 않는 소액광고선전비 기준금액: 특정인 대상 연간 5만 원은 광고선전비 또는 개당 3만 원 이하 증정품은 모두 광고선전비

최근에는 병의원을 홍보하는 회사에 블로그 마케팅 등을 의뢰하는 경우가 많다. 일정금액을 지급하면 병의원의 블로그 관리, 홈페이지 제작 등 마케팅 전반에 대한 서비스를 제공한다. 이런 경우 마케팅 회사에서 병의원에 전자세금계산서를 발행하여 주므로 간편하게 증빙을 갖출 수 있다. 다만 병의원마케팅에 대한 계약서 등을 구비하여 마케팅기간, 금액 등에 대한 추가서류를 갖추어 놓아야 한다.

VIP 환자에게 할인을 해주는 경우

기업업무추진비(접대비)는 특정인에게 사업과 관련된 지출이라고 하였다. VIP 환자에게 약값을 할인을 해주는 경우나 장기간 치료를 하고 조기결제해주면 할인을 해주는 경우에도 특정인과 관련된 지출이기 때문에 기업업무추진비(접대비)로 봐야 할까? 그렇지는 않다. 정상적인 거래과정에서 인정되는 범위 내 할인은 기업업무추진비(접대비)로 보지 않고 수입에서 차감하여 처리한다. 특정인에게 지출한 비용일지라도 기업업무추진비(접대비)로 비용처리를 하는 것이 아니라 애당초 수입을 줄이는 것이다. 기업업무추진비(접대비)가 아니라 수입에서 직접 빼다는 것은 정상적인 상관행에 비추어 정상적인 거래라고 인정되는 범위 내 할인이므로 모두 수익자체로 보지 않는 것이다(모두 비용으로 인정해주는 것과 같다).

주의할 점은 비보험 수입금액을 현금결제를 유도하여 할인하여 주는 조건으로 현금으로 받아 수입금액을 누락하는 경우 계좌이체내역 및 차트확인 등을 통하여 세무조사 시 발각될 수 있다. 이중장부를 이용하여 누락하는 경우에도 제보, 환자의 현금영수증미발행 신고 등을 통하여 조사를 받을 수 있으니 주의하여야 한다.

8

감가상각비

감가상각이라는 말은 생소하고 와닿지 않는 용어다. 경제, 세법 용어인데 고정자산이 점점 가치가 줄어드는 것을 말한다. 아파트의 경우 토지는 가치가 줄어들지 않고 오히려 늘어나지만 건물은 노후화가 진행되면서 점점 가치가 소모될 수밖에 없다.

병의원의 인테리어 시설장치나 의료장비들도 처음보다 가치가 줄어들 수밖에 없다. 이러한 가치감소를 세법적으로 계산을 하는 것이 감가상각이다. 개원을 해서 처음 인테리어를 1억 원을 들여서 했다면 개원 첫 년도 수입에서 1억 원을 모두 비용으로 차감하지 않고 보통 5년간 감가상각하여 비용처리를 하도록 되어 있다. 실제 통장에서 지출은 1억 원을 했지만 5년간 비용처리를 해야 하기 때문에 첫해 연도 세금은 많이 내야 된다. 하지만 시설장치에 대한 감가상각기간 2년부터 5년 사이에는 지출하지 않았더라도 감가상각에 대하여 비용처리를 하기 때문에 세금을 조금 내게 된다. 결과적으로 5년간 1억 원 모두 비용처리를 할 수 있다.

감가상각을 하기 위해서 자산별로 취득가액, 내용연수, 감가상각방법을 정해야 한다.

사업용 자산의 취득가액

감가상각은 사업용 자산만을 대상으로 한다. 유형자산과 무형자산이 감가상각 대상이므로 양수한 병의원의 경우 영업권을 무형자산으로 계상해 5년간 상각하여 비용처리한다. 취득가액은 해당 자산을 취득한 금액으로 하는데 취득하기 위해 지급한 관련 비용을 모두 포함한다. 그러므로 자산취득을 위해 취등록세나 기타 부대비용이 든다면 모두 해당 자산에 포함한다. 장기할부조건 등으로 취득한 감가상각자산의 경우 해당 자산의 취득가액 전액을 자산으로 계상하고 감가상각한다.

내용연수

감가상각자산별로 세법에서 내용연수를 정해놓고 있다. 내용연수가 짧으면 비용처리를 많이 할 수 있으므로 좋지만 병의원에서 임의대로 감가상각을 하였더라도 세법상 내용연수에 맞춰서 계산한 금액만을 인정을 해준다. 병의원에서 의료장비를 5천만 원에 구입하고 2년에 걸쳐 비용을 인식하였더라도 세법에서는 5년간 내용연수를 적용한 감가상각금액만을 비용으로 인정을 해준다. 그래서 실무에서는 세법에서 정해놓은 내용연수에 따라 감가상각비를 계산하여 처리한다.

시설장치(인테리어), 의료장비, 영업권, 상표권은 5년, 건축물의 경우 40년의 내용연수를 기준으로 한다. 해당 내용연수를 기준으로 25% 내외에서 내용연수를 선택할 수 있는데 시설 장치(인테리어), 의료장비, 영업권, 상표권은 4~6년, 건축물의 경우 30~50년을 선택할 수 있다. 내용연수를 선택하기 위해서 자산 취득시점에 세무서에 신고를 하여야 하는데 기간에 크게 차이가 없다면 실무에서는 신고를 하지 않고 기준내용연수인 5년 혹은 40년간 감가상각을 한다.

감가상각방법

이론상 감가상각방법이 여러 가지가 있다. 감가상각이라는 가치 소모에 대하여 어떻게 더 현실과 비슷하게 비용처리를 하는지 고민을 해서 방법을 만든 것인데 세법에서 비용처리를 할 때 모두 인정해주는 것은 아니고 자산별로 인정되는 방법을 정해 놓았다. 병의원은 정률법과 정액법만 알고 있으면 된다.

정률법은 초기에 감가상각을 많이 하고 후기 감가상각을 적게 한다. 자산을 사고 중고가격이 초기에 많이 떨어지는 것을 생각해 보면 정률법에 의해 감가상각을 하는 것이 합리적으로 보인다. 시설장치(인테리어), 의료기기 등 유형자산들은 보통 정률법으로 감가상각을 한다.

정액법은 내용연수동안 동일한 금액으로 감가상각비용처리를 한다. 건물의 경우 정액법을 적용하는데 초기 구입비용의 1/40을 해서 감가상각비용을 처리한다. 정률법에 비해 초기 비용은 적지만 시간이 갈수록 정률법보다 비용처리를 더 할 수 있다. 내용연수 기간을 통틀어 생각하면 정률법이나 정액법은 비용으로 처리하는 금액은 취득가액 전체금액으로 같다.

감가상각비 계산

몇 가지 경우를 제외하고 감가상각비를 꼭 회계상 비용처리해야 하는 것은 아니다. 세법으로 감가상각비로 비용처리 할 수 있는 감가상각 방법을 정해 놓고 있지만 세법상 한도 내 금액을 손익계산서에 실제로 비용반영할지는 병의원의 선택이다. 개원초기 결손이 나거나 이익이 적은 경우 감가상각비를 비용처리 하지 않고 본격적으로 이익이 나는 시점에 감가상각으로 처리할 수 있는 비용을 계산하여 반영을 한다. 그렇다고 해당 비용을 누적해서 한 해에 사용할 수는 없다. ×1년도 감가상각을 하지 않고 ×2년도에 ×1년도 감가상각비(a)와 ×2년 감가상각비(b)를 합쳐서 ×2년도에 (a)+(b)를 모두 비용처리하는 것이 아니라 ×2년도에 ×1년에 비용처리 하지 않은 (a)의 감가상각비를 비용처리하는 것이다. 정리하면 감가상각을 해야 하는 시기는 병의원의 선택에 따라 할 수 있으며 감가상각비를 누적하여 비용처리는 할 수 없고 감가상각비를 내용연수에 맞게 계산하여 순차적으로 비용처리를 할 수 있다.

9

합의금 등 지급

병의원 진료를 한 환자가 진료에 불만을 갖거나 치료를 완료하기 전에 이의를 제기하여 합의금을 지급하는 경우가 있다. 간혹 의료사고 등으로 문제가 될 경우에도 합의금을 지급하는 경우가 있다. 업무와 관련하여 경과실로 인하여 지급되는 손해배상금은 비용처리(필요경비산입)할 수 있다. 다만 고의 또는 중과실로 타인의 권리를 침해한 경우 지급하는 손해배상금은 비용처리를 할 수 없다. 일반적인 합의금이나 손해배상금을 비용처리하기 위해서는 합의서와 합의금의 이체내역, 진료 내역 등의 합의금 지급 내역을 자세한 증빙을 갖추어야 한다.

10

보험금
(의료사고 배상책임보험, 화재 및 상해보험 등)

병의원의 의료사고나 화재, 기타 사고를 대비하여 보험을 가입한다. 사업과 관련된 화재보험은 대부분 경비처리가 가능한데 병의원의 건물 화재보험, 의료사고배상책임보험, 간호사나 직원의 국민건강보험, 장기요양보험, 고용보험, 산재보험 등은 비용처리가 가능하다. 저축성보험과 소멸성보험이 섞여 있는 경우 저축부분은 비용처리가 되지 않고 소멸부분만 비용처리 할 수 있다.

병의원의 운영과 관련이 없는 원장 개인의 종신보험이나 변액보험, 연금보험 등은 경비로 인정되지 않는다. 간혹 보험회사에서 퇴직금 재원 마련을 위한 경영인정기보험이나 ceo플랜과 같은 보험 가입을 권유하는데 보험금액 전액 비용처리 되지 않는 경우가 있기 때문에 보험가입 전에 전문가인 세무사에게 비용처리 여부를 확인하는 것이 좋다.

11

소모품비와 비품

(일반)소모품비는 청소용구, 전기자재, 전화기, 소프트웨어 등 취득가액이 100만 원 이하의 것을 말한다. 사무용품비는 컴퓨터, 복사기, 프린트기, 스캐너 등의 취득금액이 100만 원 이하의 것을 말하는데 소모품과 사무용품을 구분하지 않고 손익계산서에 반영하기도 한다.

비품은 캐비넷, 책장, 컴퓨터, 냉장고, 복사기, 프린트 등이다. 비품은 소모품과 달리 자산으로 재무상태표에 반영 후 감가상각을 해서 5년간 비용처리를 한다. 당장의 비용으로 사용할 수 없어 비품보다는 소모품으로 손익계산서에 반영하는 것이 좋다. 세법에서는 비품 중 거래단위별로 취득금액이 100만 원 이하인 경우 전액비용으로 처리할 수 있도록 하고 있으므로 비품가액이 100만 원을 넘지 않으면 소모품비 또는 사무용품비로 처리하고 100만 원이 넘으면 비품으로 인식 후 감가상각을 하여야 한다.

소모품비 등의 계정은 물품을 구입하는 일반관리비 계정으로 비중이 크지는 않다. 주의할 점은 원장의 개인물품을 사면서 소모품으로 비용처리하는 금액이 과다한 경우 사후검증이나 세무조사과정에서 추가세금이 발생할 수 있다는 것이다. 실무적으로 애매한 것들로 병의원의 소모품인지 개인적 사용인지를 구분하지는 않는다. 예를 들어 원장의 노트북을 구입하는 경우 개인적 용도로 사용하는지 병의원의 업무용으로 사용하는지 일일이 따져서 비용여부를 판단하지는 않는다. 콘솔게임기 구입 등이 소모품이나 비품으로 계상되어 있으면 사회통념상 병의원에서 비치하고 있지는 않으므로 검증대상이 될 수 있다.

소모품과 비품

소모품과 비품의 경우 성격이 비슷해 구분이 어렵다. 세무상 처리는 크게 차이가 나는데 소모품의 경우에는 비용을 지출한 해당연도에 전액 비용으로 인정받을 수 있는 반면 비품의 경우에는 비품의 사용연도에 걸쳐 감가상각을 하여야 한다. 예를 들어, 노트북을 100만 원 주고 구입한 경우 소모품으로 처리하면 해당연도에 전액 비용처리되지만 비품으로 처리한다면 5년에 걸쳐 비용처리를 하여야 한다. 5년간 비용처리되는 것은 동일하지만 당장의 세금을 줄이기 위해서는 소모품으로 처리하는 것이 좋다.

세법에서는 취득가액이 거래단위별로 100만 원 이하인 감가상각자산 중 그 고유업무의 성질상 대량으로 보유하는 자산, 그 사업의 개시 또는 확장을 위하여 취득하는 자산을 제외하고 그 사업에 사용한 날이 속하는 사업연도의 손비로 계상한 것에 한하여 비용처리가 가능하도록 하고 있다. 참고로 소액자산 중 전화기, 스마트폰, 개인용 컴퓨터와 주변기기는 100만 원이 넘더라도 바로 비용처리가 가능하다.

12

해외출장비, 해외학회참가비

해외나 지방에서 학회 세미나를 하는 경우가 있다. 보통 주말을 이용하여 세미나에 참석하고 관련 호텔비와 항공비를 비용으로 처리한다. 해외 관련 비용은 증빙을 갖추는 데 더 신경을 써야 한다.

병의원 원장 해외출장비는 병의원 업무수행상 통상 필요하다고 인정되는 부분의 금액을 사용처별로 거래증빙과 객관적인 자료를 첨부해야 비용처리가 가능하다. 만약 증빙서류 첨부가 불가능한 경우에는 사회통념상 부득이하다고 인정되는 범위 내의 금액과 내부통제기능을 감안해서 인정할 수 있는 범위 내의 지급은 비용으로 인정된다. 합리적 기준은 병의원의 규모, 출장목적, 업무수행 여부 및 정도에 따라 사실판단할 사항이다. 학회에 참석하였다면 학회참석사진, 여행의 목적, 여행경로 등 여러 가지 증빙으로 스스로 입증을 하여야 한다.

국세청에선 병의원은 출장이 잦은 업종이 아니기 때문에 세미나나 해외출장에 대하여 가사용경비로 생각할 가능성이 많다. 실제로 참석하였다면 학회 세미나 참석 등에 대한 증빙을 원장 스스로 갖추는 것이 좋다. 예를 들어 학회 관련 책자와 일정, 지역, 학회 사진 등으로 소명을 할 수 있어야 한다. 실제 세무조사 시 해외여행에 대한 경비가 비용처리되어 있으면 항공권의 금액을 역산하여 혼자 여행을 한 것인지 가족과 함께 한 것인지 검토하고 관련자료의 제출을 요구한다.

13

기부금

기부금은 사업과 직접관계없이 특수관계인 외의 자에게 무상으로 지출하는 금액이다. 사업과 직접관계가 없다는 점에서 사업과 관계있는 기업업무추진비(접대비)와 차이가 있다.

병의원의 사업소득이외 다른 소득이 없으면 기부금을 비용으로 처리하지만 만약 다른 소득이 있어 종합소득신고를 하는 경우 기부금세액공제를 적용받을 수 있다. 병의원 사업소득 이외 다른 소득이 있어 세액공제를 받는 경우 원장(본인)이 지출한 기부금뿐만 아니라 기본공제대상자인 배우자 및 생계를 같이하고 있는 부양가족의 기부금도 세액공제 받을 수 있다. 다만 정치자금기부금의 경우에는 본인이 지출한 기부금만 가능하다.

병의원 사업소득만 있는 경우(기부금 필요경비처리)

병의원 사업소득만 있어 병의원의 비용으로 처리하는 경우 기부금한도액 내에서 비용으로 인정된다. 기부금은 법정기부금, 우리사주기부금, 지정기부금, 종교단체기부금, 정치자금기부금이 있는데 어느 단체에 기부를 했는지에 따라 달라진다. 비용처리를 하기 위해서 한도계산을 하는데 복잡한 과정을 거치게 되므로 계산은 세무사에게 맡기고 기부금별 차이를 알아두면 좋겠다. 간단히 설명을 하면 총수입에서 기부금을 제외한 비용을 뺀 기준소득금액에서 이월결손금을 차감한 금액에 일정률을 곱하여 계산을 한다. 법정기부금과 정치자금기부금의 경우 일정률이 100%이며 지정기부금은 30%, 종교단체기부금은 10%이다.

기부금도 한도가 있어 기부를 한다고 모든 비용을 인정해주는 것은 아니고 기부금을 뺀 수입을 법정단체나 종교단체에 모두 기부를 하는 경우는 비용처리를 해주고, 지정단체에 모두 기부를 하였더라도 30%만 비용처리, 종교단체의 경우 10%만 비용처리를 해준다.

병의원 사업소득과 다른 소득이 있는 경우(기부금세액공제)

세액공제는 내야할 세금에서 직접 빼주는 것이고 비용처리(필요경비공제)는 수입에서 차감 해주는데 차이가 있다. 단순히 보면 세금에서 직접 빼주므로 세액공제가 더 유리해보이지만 세율에 따라 유리할 수도 있고 불리할 수도 있다. 세율이 높은 경우 비용처리로 차감되는 경우 세금이 더 줄어들 수 있기 때문이다. 기부금을 세액공제 받는 것도 비용처리처럼 법정기부금과 지정기부금, 종교단체 기부금, 정치자금 기부금에 따라 한도계산을 하는데 공제율은 동일하다.

병의원 사업소득이외 다른 소득이 있어 종합소득을 합산하여 신고하는 경우 기부금에 대하여 비용처리(필요경비공제)와 세액공제를 선택할 수 있는데 어느 쪽이 유리한지는 병의원의 상황에 따라 다를 수 있으므로 비교하여 처리하여야 한다.

14

세금과 공과금 등

종합소득세와 지방소득세

병의원 소득세와 소득세의 10% 정도인 지방소득세를 다음 해 5월 혹은 6월에 계산하여 신고하고 납부한다. 소득세를 낸 것도 병의원 입장에서 비용인데 비용처리가 가능할까?

소득세와 지방소득세는 병의원 사업에 대한 세금으로 비용으로 인정되지는 않고 원장 개인자금에서 지급한 것으로 본다. 소득세와 지방소득세를 비용처리한다면 순수입에서 소득세와 지방소득세를 차감한 금액에 소득세와 지방소득세를 계산하고 다시 줄어든 순수입에서 소득세와 지방소득세를 차감하여 계산하여야 하므로 무한 반복할 수밖에 없다. 개념상 사업으로 벌어들인 순소득에 대하여 국가에 내는 세금이므로 비용처리는 하지 않는다.

부가가치세

병의원이 면세사업자라면 부가가치세를 신고하고 납부할 의무는 없다. 겸업사업자인 경우에는 부가가치세를 신고하고 납부하여야 한다. 개인사업자인 경우 1월과 7월에 부가가치세를 신고 및 납부하고 4월과 10월에 부가가치세를 납부한다. 해당 부가가치세는 세법 구조상 고객으로부터 받아서 내는 세금이므로 비용처리되는 세금은 아니다. 사실 부가가치세는 잠시 병의원에서 받아두었다가 세무서에 납부하는 금액이다.

주민세 재산분(재산할 사업소세)

주민세 재산분(재산할 사업소세)은 병의원의 비용으로 인정된다.

병의원에서 사용하는 공간이 매년 7월 1일 기준 연면적 330㎡를 초과하는 경우 납부하여야 한다. 연면적은 공용면적을 포함한다. 납부하여야 할 세금은 건물 연면적 1㎡당 250원인데 병의원의 연면적이 3,96㎡(120평)이면 약 99,000원 정도이다.

주민세 종업원분(종업원할 사업소세)

주민세 종업원분(종업원할 사업소세)은 병의원의 비용으로 인정된다.

주민세 종업원분(종업원할 사업소세)은 지방자치단체에 내는 세금인데 병의원 원장이 납부하여야 하는 세금이다. 예전에는 종업원 인원이 50명 이하인 경우 세금을 내지 않았지만 현재는 종업원에게 지급하는 급여가 월급여 총액이 1억 5천만 원이 넘는 경우 급여 총액의 0.5%를 관할 지방자치단체에 신고하고 납부하여야 한다.

월급여 총액은 비과세 급여를 제외한 급여 총액인데 종업원에게 급여를 지급한 때부터 최근 1년간 해당 병의원의 직원의 급여 총액의 월평균 금액이 1억 5천만 원을 넘는 경우 해당된다.

Part 04

인건비와 인사관리

1. 근로계약서 작성하기
2. 5인 미만과 5인 이상 비교하기
3. 취업규칙 작성방법
4. 급여(근로소득)의 범위는?
5. 4대보험 신고와 납부
6. 넷(NET)급여를 가장한 그로스(GROSS)급여
7. 직원들의 연말정산
8. 직원을 내보내는 절차(권고사직 vs. 해고)
9. 직원이 퇴사를 하면서 권고사직으로 해달라고 한다.
10. 퇴직금 계산하기
11. 퇴직연금제도는 확정기여형(DC)을 활용하자.
12. 퇴직금 중간정산 가능할까?
13. 출산 전후휴가(모성보호)와 육아휴직
14. 임금명세서 꼭 교부해야 합니다.

"내 맘 같지 않다."

병의원을 처음 할 때는 적자가 나면 어떡하지 또는 환자가 없으면 어떡하지와 같은 고민을 한다. 병의원을 운영하면 할수록 간호사 등 직원은 어디에서 채용하지? 좋은 직원이 나간다고하면 어떡하지? 새로 뽑은 직원이 맘에 들지 않으면 어떡하지?와 같은 인간관계에 대한 고민이 더 커진다.

1
근로계약서 작성하기

원장과 간호사나 간호조무사 등 직원은 사용자(원장)와 근로자의 관계이다. 원장은 근로자에게 근로제공에 대하여 임금을 지급하여야 하는데 근로기준법상 여러 가지 규정을 정해놓고 있다. 최저임금, 근로시간, 휴일, 휴가, 근로기간 등 중요한 근로조건을 서로 합의하고 계약을 체결하여야 한다. 근로계약을 협의하여 체결한 후 서면으로 명확하게 정하여 놓는 것이 근로계약서이다.

근로계약서를 작성해야 할 의무는 원장에게 있다. 근로자가 1인 이상인 경우 근로계약서를 작성해야 하는데 만약 작성하지 않고 근로자를 고용하는 경우 500만 원 이하의 벌금이 부과될 수 있으므로 주의하여야 한다.

근로계약서에 명시되어야 하는 사항은 근로기준법에 정해 놓고 있다.

근로기준법 제17조 [근로조건의 명시]

① 사용자는 근로계약을 체결할 때에 근로자에게 다음 각 호의 사항을 명시하여야 한다. 근로계약 체결 후 다음 각 호의 사항을 변경하는 경우에도 또한 같다.

1. 임금
2. 소정근로시간
3. 제55조에 따른 휴일
4. 제60조에 따른 연차 유급휴가
5. 그 밖에 대통령령으로 정하는 근로조건

② 사용자는 제1항 제1호와 관련한 임금의 구성항목 · 계산방법 · 지급방법 및 제2호부터 제4호까지의 사항이 명시된 서면을 근로자에게 교부하여야 한다. 다만, 본문에 따른 사항이 단체협약 또는 취업규칙의 변경 등 대통령령으로 정하는 사유로 인하여 변경되는 경우에는 근로자의 요구가 있으면 그 근로자에게 교부하여야 한다.

휴일의 경우 1주에 평균 1회 이상의 유급휴일을 보장하여야 하고(근로기준법 제55조) 사용자는 1년간 80% 이상 출근한 근로자에게 15일의 유급휴가를 주어야 한다(근로기준법 제60조). 직원이 5인 이상인 병의원의 경우 연장근로와 토요일 근무의 경우와 같은 휴일근로의 경우 시간급의 150%를 지급하여야 한다.

2

5인 미만과 5인 이상 비교하기

5인 미만 사업장에도 적용되는 규정	5인 이상 사업장에 적용되는 규정
- 근로계약서 작성 - 해고예고 - 퇴직후 14일이내 임금지급(금품지급) - 체불임금에 대한 지연이자적용 - 휴게시간(4시간에 30분, 8시간에 1시간) - 주휴일(매주1일) - 퇴직금(근속 1년당 30일분 이상) - 최저임금 준수 - 육아휴직, 가족돌봄휴직, 가족돌봄휴가	- 해고/ 징계의 제한(정당한 사유 필요) - 해고의 서면통지 - 법정근로시간(주40시간, 일8시간) - 주휴일 이외 공휴일 - 연장근로의 제한(주12시간 제한) - 연장, 야간, 휴일근로에 대한 가산수당 (50%) - 연차유급휴가(연 15일 기본)

해고예고 및 해고예고수당

5인 미만 사업장의 경우 정당한 사유가 없어도 해고는 가능하다. 그러나 해고를 할 경우 30일 전에 해고예고를 통보해야 한다. 서면으로 하지 않아도 되지만 해고예고통지를 받지 못하였다고 분쟁이 생길 수 있으니 이력을 남겨두어야 한다. 만약 정당한 해고예고 통보를 하지 않은 경우 30일분 이상의 통상임금을 지급해야 한다. 3개월 미만 재직의 경우에는 해고예고수당은 적용되지 않는다.

연장, 야간, 휴일근로에 대한 가산수당과 휴게시간

병의원의 경우 토요일 및 일요일 근무하는 경우가 많아 5인 이상 병의원의 경우 근무시간을 계산하는 것이 중요하다. 휴게시간을 감안하여 기본 근무시간과 연장 등 근무시간의 수당을 계산하여야 한다. 월요일 10시부터 7시 근무하고 점심시간이 1시부터 2시까지 1시간이라면 총 9시간 중에 1시간 휴게시간이므로 총 근무시간은 8시간이다. 수요일은 10시부터 8시까지 근무하기로 하였다면 근무시간 10시간에서 점심시간 1시간의 휴게시간을 빼면 9시간이고 5인 이상 병의원의 경우 1시간은 연장근무시간으로 계산하여 기본 근무수당의 50%를 가산하여 급여를 계산하여야 한다.

주휴일

주휴일은 1주 동안 직원이 모두 개근한다면 1주 1회 이상 유급휴일을 부여하는 것이다. 병의원의 경우 일요일에 진료를 하지 않으면 일요일이 주휴일이 된다. 참고로 병의원에서 근로자에게 법적으로 부여해야 하는 법정 휴일은 주휴일과 근로자의 날이다.

최저임금과 수습기간의 임금

최저임금이 매년 상승하고 있다. 직원에게 최저임금보다 적게 줄 수 없으므로 계약서에 최저임금으로 계약을 하였더라도 무효이며 최저임금 이상을 주어야 한다. 다만 수습기간을 정한 경우 3개월간 최저임금의 90%를 지급할 수 있으며 계약서에 명시하여야 한다.

3

취업규칙 작성방법

취업규칙은 근로자 10인 이상인 경우 의무적으로 작성을 하여야 한다. 이를 위반하는 경우 500만 원 이하의 과태료가 부과될 수 있다. 근로자 10인 이하인 경우 취업규칙 작성이 의무사항은 아니지만 특별한 규정이 필요한 경우 취업규칙을 작성할 수 있다. 예를 들어 복지에 관련된 수당 등에 대하여 미리 취업규칙을 작성하여 보관한다면 경비로 인정받기도 수월해진다. 취업규칙은 근로자와의 계약관계에 적용되는 근로조건과 복무규정 등을 정하는 것이다. 근로계약서에 작성하지 못한 부분에 대하여 취업규칙에서 좀 더 구체적으로 명시하여야 한다. 취업규칙 작성 사항은 근로기준법 제93조에 정하고 있다.

근로기준법 제93조 [취업규칙의 작성 · 신고]

상시 10명 이상의 근로자를 사용하는 사용자는 다음 각 호의 사항에 관한 취업규칙을 작성하여 고용노동부장관에게 신고하여야 한다. 이를 변경하는 경우에도 또한 같다.

1. 업무의 시작과 종료 시각, 휴게시간, 휴일, 휴가 및 교대 근로에 관한 사항
2. 임금의 결정 · 계산 · 지급 방법, 임금의 산정기간 · 지급시기 및 승급(昇給)에 관한 사항
3. 가족수당의 계산 · 지급 방법에 관한 사항
4. 퇴직에 관한 사항
5. 「근로자퇴직급여 보장법」 제4조에 따라 설정된 퇴직급여, 상여 및 최저임금에 관한 사항
6. 근로자의 식비, 작업 용품 등의 부담에 관한 사항
7. 근로자를 위한 교육시설에 관한 사항
8. 출산 전후휴가 · 육아휴직 등 근로자의 모성 보호 및 일 · 가정 양립 지원에 관한 사항
9. 안전과 보건에 관한 사항

9의 2. 근로자의 성별 · 연령 또는 신체적 조건 등의 특성에 따른 사업장 환경의 개선에 관한 사항

10. 업무상과 업무 외의 재해부조(災害扶助)에 관한 사항
11. 직장 내 괴롭힘의 예방 및 발생 시 조치 등에 관한 사항
12. 표창과 제재에 관한 사항
13. 그 밖에 해당 사업 또는 사업장의 근로자 전체에 적용될 사항

4

급여(근로소득)의 범위는?

근로소득은 회사에서 받을 때 소득을 말하고 반대로 병의원 원장이 직원에게 근로소득을 지급할 때는 급여라고 한다. 급여는 근로를 제공받고 받은 비용인데 임금, 수당, 봉급, 급료, 상여 등 병의원과 고용관계에 의해 지급하는 금품을 말한다. 급여인지 아닌지 애매한 경우가 있어 세법에서 정해두고 있다. 급여는 4대보험을 계산하는 기준이 되고 퇴직금을 계산할 때에도 상여의 포함 여부에 따라 계산이 달라지기 때문에 몇 가지 사항을 알아두어야 한다.

급여를 직원에게 지급할 때 근로소득세를 월급에서 차감하여 떼

놓고 다음 달 10일 혹은 반기의 10일마다 세무서에 신고하고 납부를 한다. 세무사 사무실에 세무기장을 대리하면 매월 급여에 대한 처리를 대행해준다. 참고로 병의원 원장의 소득은 사업소득이므로 급여로 인정되지는 않는다.

급여인지 아닌지 헷갈리는 비용들

직원의 휴가비나 장기간 근무하는 직원의 복지를 위해 직원 자녀의 학자금을 지원하는 경우 세법에서 급여로 본다.

휴가비와 자녀 학자금을 급여로 본다는 것은 기본급과 휴가비와 자녀 학자금을 포함한 금액을 기준으로 4대보험과 소득세를 계산한다는 것이다. 원장은 학자금과 휴가비에 4대보험과 소득세를 차감하고 지급하여야 하고 직원은 학자금과 휴가비를 근로소득으로 보아 연말정산 시 소득세를 계산한다.

비과세되는 급여(근로소득)들

휴가비나 자녀의 학자금은 좋은 마음에서 보너스로 주는 급여인데 과세가 되니 지급하는 원장도 미안하고 돈을 받는 직원도 아쉬움 마음이 생기기도 한다. 그래서 좀 더 일상적인 급여 성격의 비용들은 직원의 근로소득에서 세금을 부과하지 않고 비과세를 해준다. 직원의 근로소득에서 비과세되므로 급여를 지급하는 원장도 소득세를 떼지 않고 지급할 수 있다.

(1) 식대: 월 10만 원 이내 금액을 식대로 지급하는 경우 비과세 대상이다. 주의할 것은 식대와 함께 식사를 제공하면 비과세를 적용하지 않는다. 실제 20만 원을 지급하는 경우에도 10만 원까지만 비과세를 적용할 수 있다. 식사를 제공하거나 병의원의 카드로 식대를 부담하는 경우에는 복리후생비로 비용처리를 한다.

(2) 출산보육수당: 6세 이하의 자녀가 있는 근로자의 경우 월 10만 원 이내 금액을 출산보육수당으로 비과세 적용을 할 수 있다. 주의할 점은 자녀가 2명이라도 월 20만 원을 해주는 것은 아니고 월 10만 원만 비과세해 준다.

(3) 자가운전보조금: 직원 소유의 차량을 직원이 직접 운전하여

병의원의 업무 수행에 이용하고 주유대 등 여비를 받는 대신 소요경비를 정하여진 지급기준에 따라 지급하는 경우 월 20만 원 이내 금액은 근로소득으로 보지 않는다. 병의원 직원이 출퇴근을 하면서 자차를 이용하는 경우 월 20만 원씩 지급하는 경우 근로소득으로 보지 않고 비과세한다.

(4) 근로자 본인의 학자금: 자녀의 학자금은 근로소득으로 과세하지만 근로자 본인의 학자금을 병의원에서 지급하는 경우 입학금, 수업료 등 비과세 받을 수 있다. 다만 해당 학자금이 업무와 관련된 교육, 훈련을 위하여 지급받아야 하고 정해진 지급기준에 따라 지급하고 교육, 훈련 기간이 6개월 이상인 경우 교육, 훈련 기간을 초과하여 근무하지 않는 경우 반환하는 조건이 있어야 한다.

(5) 근무복: 간호사나 간호조무사의 근무복의 경우 비과세 대상이다. 다만 근무복을 병원에서 직접 구입하여 지급하는 경우에는 근로소득과 관계없이 복리후생비 등 비용으로 처리한다.

(6) 경조금: 직원에게 결혼 축의금 등을 지급한 경우 사회통념상 타당하다고 인정되는 범위 내 금액은 근로소득으로 보지 않는다.

5

4대보험 신고와 납부

4대보험은 국민건강보험, 국민연금, 고용보험, 산업재해보상보험(산재보험)을 말한다. 원장은 병의원을 개원하고 직원을 채용하는 경우 4대보험을 신고할 의무를 진다. 직원들에게 4대보험은 유용한 보험들이지만 체감상 간접 세금으로 느껴지는 비용들이다.

4대보험 중 국민건강보험과 국민연금은 원장과 직원이 반반씩 부담하도록 되어 있고 고용보험은 원장이 70% 정도 부담하여 직원보다 더 많은 금액을 부담하고 산재보험의 경우 사업자가 전액 부담하도록 되어 있다. 그러므로 원장의 입장에서는 직원에게 지급하는 월급 이외 4대보험을 납부하여야 하므로 부담이 된다. 건강보험 가입대상은 모든 근로자와 사용자(원장)인데 월 근로시간 60시간 미만 단기간 근로자와 1개월 미만 일용근로자의 경우에는 가입 제외 대상이다. 국민연금은 18세 이상 60세 미만인자가 가입대상이고 역시 월 근로시간 60시간 미만 단기간 근로자와 1개월 미만 일용근로자, 국민기초생활수급자는 가입 제외 대상이다. 고용보험과 산재보험은 모든 근로자가 가입대상이고 사용자(원장)은 고용대상이 아니므로 대상이 아니고 산재보험 가입대상도 아니다.

두루누리 사회보험(insurancesupport.or.kr)

근로자 수가 10명 미만인 사업에 고용된 근로자 중 월평균 보수가 220만 원 미만(2021년 기준)인 근로자와 그 사업주에게 사회보험료(고용보험·국민연금)를 최대 90%까지 각각 지원해 준다. 2018년 1월 1일부터 신규지원자 및 기지원자 지원을 합산하여 36개월까지만 한다. 신규직원의 경우 5인 미만 사업자의 경우 90%, 10인 미만 사업장의 경우 80%를 지원받을 수 있다.

자세한 신청은 두루누리 사회보험 사이트나 담당 세무사나 노무사의 도움을 받아 신청하면 된다.

6

넷(NET)급여를 가장한 그로스(GROSS)급여

병의원의 경우 관례처럼 페이닥터와 간호사, 간호조무사의 급여를 실수령액 기준으로 근로계약을 하는 경우가 많다. 근로자의 4대보험 및 소득세와 주민세를 원장이 대신 부담을 하는데 숫자로 계산해 보면 상당히 많은 금액이다.

실무상 실수령액 기준으로 계약을 한 경우 4대보험과 소득세, 주민세를 차감한 후의 금액으로 지급을 하여야 하므로 실제로 실수령액 기준으로 생각한 연봉이나 월급액보다 더 지급을 하는 것이다. 예를 들어 간호사를 채용하면서 실수령액 300만 원으로 한 경우 4대보험과 소득세 등을 차감하기 전의 금액을 역산하면 약

345만 원 정도 된다. 역산한 금액 345만 원을 월정액금액으로 4대 보험과 소득세, 지방소득세를 계산하여 인건비를 신고하여야 한다. 그래서 300만 원이라는 넷급여를 가장한 345만 원 그로스급여를 지급하게 되는 것이다. 결국 넷급여로 계약을 하였더라도 그로스금액을 기준으로 세금과 4대보험을 계산을 한다.

이렇게 넷급여를 기준으로 계약을 하는 경우 예상하지 못한 몇 가지 문제가 생긴다.

첫 번째로 연말정산을 어떻게 해야 하는가이다. 병의원의 원장은 사업자이므로 연말정산을 하지 않고 매년 5월 혹은 6월 종합소득세 신고를 하면 되지만 근로자인 페이닥터와 간호사 등 직원은 매년 3월 10일까지 연말정산을 한다. 근로자는 매월 소득세를 간이세액표에 의해 조금씩 차감을 하였다가 연간 총소득을 기준으로 여러 가지 소득공제와 세액공제를 거쳐 최종 세금을 계산하는데 이것을 연말정산이라고 한다. 연말정산을 해보았더니 내야할 세금보다 매월 냈던 세금이 많았다면 국세청으로부터 세금을 돌려받고 반대로 매월 낸 세금이 적었다면 세금을 더 내야 한다. 그런데 넷급여로 계약을 하였다면 결국 원장이 직원들의 세금과 4대보험을 부담하였으므로 연말정산도 원장이 해서 세금을 돌려받거나 더 내야 한다는 결론이 나올 수 있다. 하지만 그렇게 간단한 문제는 아니다. 연말정산과정에서 각종 소득공제와 세액공제는 직원의 가족

구성원, 보험납부금, 카드사용액 등에 따라 달라 연말정산 후 최종 세액이 개인별로 다를 수 밖에 없고 소득공제와 세액공제의 혜택을 원장이 모두 가져가는 것이 맞는지에 대한 의문이 생기기 때문이다.

두 번째는 퇴직금 문제이다. 예로 든 금액으로 생각해보면 퇴직금의 경우 실제 지급한 300만 원을 기준으로 계산되는 것이 아니라 345만 원을 기준으로 계산하므로 근로계약 당시보다 더 많은 퇴직금을 주는 것처럼 생각될 수 있다. 근로계약 당시 넷급여 300만 원을 기준으로 퇴직금을 계산하여 연간 퇴직금을 계산할 때 약 1달치 300만 원을 퇴직금으로 계산하면 실제 법으로 정해놓은 퇴직금보다 적게 주는 결과가 된다. 이런 내용을 계약서에 적어둔다 하더라도 근로기준법에서 정해놓은 퇴직금보다 적게 줄 수 없다.

설명한 대표적인 문제 2가지로 인해 불필요한 분쟁이 발생할 수 있다. 그래서 실무적으로 점점 넷급여보다 그로스 급여로 채용을 하고 연말정산도 직원 개인별로 하는 경우가 많아지고 있다.

일자리 안정자금이란?

최저임금이 2018년 이후 급격하게 증가하고 있다. 최저임금의 인상으로 신입 직원의 급여만 오른 것이 아니라 간호조무사, 실장, 페이닥터의 급여까지 동반하여 인상되는 것이 현실이다. 일자리 안정자금은 최저임금 인상에 따른 소상공인 및 영세중소기업의 경영부담을 완화하기 위하여 지원금을 주는 것으로 병의원도 요건에 맞는다면 지원금을 받을 수 있다. 임금 인상으로 병의원의 운영이 어려워지는 경우 직원의 수를 줄일 가능성이 있기에 직원들의 고용불안요인으로 작용할 수 있어 일자리 안정자금으로 병의원을 지원하는 것이다.

직전 3개월간 매월 말일 현재 상시 근무하는 평균 직원 수 30인 미만인 경우 신청이 가능하다. 상용직, 임시직, 일용직 등 모든 직원을 포함하지만 원장의 특수관계인인 배우자 등은 제외된다. 병의원의 사업소득금액이 3억 원을 초과하는 경우 지원이 제외되는데 병의원의 총수입 3억 원을 기준으로 판단하는 것이 아니라 수입금액에서 비용을 차감한 순수입이 3억 원 이상인 경우 지원을 받을 수 없다.

월 보수액 219만 원(2021년 기준) 이하 직원에 대하여 지원금을 지급한다. 월 보수액은 월 10만 원 이하 식대, 실비변상적금품 등 비과세 소득을 제외한 금액이며 기본급과 연장근로수당 등은 합한 금액이다. 일용직의 경우 1일 8시간 기준 9만 9천 원 이하의 경우 해당이 된다. 지원금을 신청하려면 1개월 이상 고용을 유지하여야 하고 최저임금 급격한 인상에 따른 지원금이므로 당연히 최저임금을 준수하여야 한다.

일자리안정자금 신청은 4대 사회보험공단 지사나 고용센터에 온라인, 방문, 우편, 팩스로 신청이 가능하다. 근로복지공단에서 노동자수와 월평균 보수 등을 심사하여 사업주 계좌로 매월 15일에 지급을 한다. 간혹 직원을 위장취업시켜 지원금을 받은 경우 등 부정수급에 대하여 사후관리 조사를 하여 환수하고 5배 제재부가금을 부과하므로 주의하여야 한다.

7

직원들의 연말정산

연말정산을 왜 해야 하나?

사업소득만 있는 원장은 연말정산을 하지 않는다. 하지만 병의원의 직원들은 근로소득에 대해 연말정산을 해야 하고 병의원에서 직원들의 연말정산을 한 후 국세청에 신고해야 하므로 연말정산이 무엇인지 알아두어야 한다. 실무적으로 근로자가 매년 1월 중순 정도 되면 연말정산에 대한 자료를 국세청에서 자료를 조회할 수 있다. 해당 자료를 담당 세무사에게 전달하면 근로자별 연말정산을 하여 2월 급여에 반영을 한다.

연말정산을 왜 하는지부터 알아야 한다. 직원들은 매월 급여를 줄 때 4대보험, 소득세와 지방소득세를 차감하고 지급을 한다. 앞서 설명한 것처럼 넷급여로 급여를 주기로 했다면 방식의 차이가 있지만 기본급을 높이고 4대보험과 소득세와 지방소득세를 차감하고 주거나 기본급은 그대로 두고 4대보험과 소득세와 지방소득세를 원장이 대신 납부를 한다. 두 가지 방법 모두 매월 세금을 제외하고 급여를 지급을 한다. 매월 직원들의 급여에서 내야하는 세금을 계산하는데 이때는 간이세액표라는 것을 사용해서 매월 세금을 추정하여 계산한다. 정확한 세금을 내는 것은 아니고 단순표에 의해 계산된 금액을 매월 미리 납부하는 것이다. 이렇게 1월부터 12월까지 급여를 주면서 직원의 세금을 신고하고 납부하였다가 다음해 2월분 급여를 계산할 때 연간 근로소득에 대한 세금을 제대로 계산하고 낸 세금과 차이를 정산을 하게 된다. 그래서 연말에 근로소득에 대한 세금을 한 번에 정산한다는 의미가 연말정산이다. 만약 매월 냈던 세금이 더 많다면 세금을 돌려받지만 반대로 연간세금을 계산했더니 내야 될 세금이 많다면 더 내야 한다.

굳이 복잡하게 연말정산하는 이유는 뭘까? 복잡하게 하려는 것은 아니고 근로소득만 있으면 세금신고를 간편하게 해주기 위해 연말정산을 하는 것이다. 매월 납부하는 세금과 연말정산해서 계산한 세금이 차이나는 이유는 뭘까? 연간 근로소득이 확정이 되어야 기본공제나 추가 공제 등등을 해서 세금을 제대로 계산할 수 있기 때문이다.

연말정산은 다음해 2월분 급여를 지급하는 때에 하므로 3월 10일까지 급여에 대한 원천세 신고를 할 때 반영을 하면 된다.

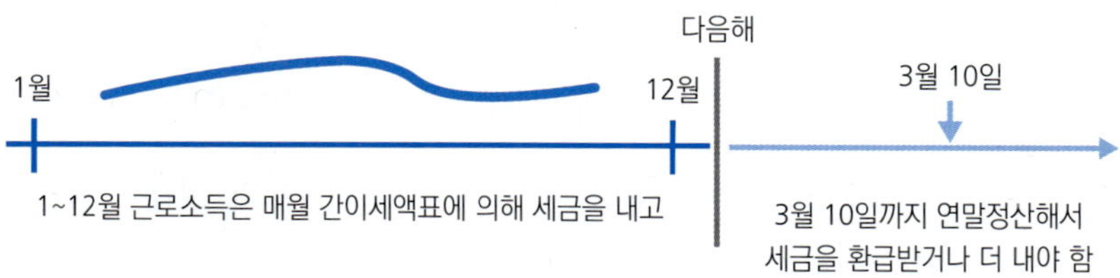

연말정산 기본공제항목들

직원들의 연간 근로소득에 대하여 연말정산할 때 공제금액을 차감하여 세금을 계산한다. 연말정산 공제의 적용은 공제의 종류와 요건이 다르고 직원별로 공제할 수 있는 항목들이 달라 대표적인 것들만 살펴본 후 전문가의 도움을 받아야 한다.

기본공제는 사람 수에 따라 1명당 150만 원을 해주는 것이다. 직원 본인의 공제 150만 원을 공제하고 배우자와 부양가족의 나이와 소득에 따른 요건에 따라 공제가 가능하다. 배우자의 경우 연간 소득 금액이 100만 원 이하인 경우에만 공제가 가능하고 부모님 등은 만 60세 이상, 자녀 등의 경우 만 20세 이하여야 하고 연간 소득 금액이 100만 원 이하여야 한다. 추가로 기본공제를 받은 부모님 등이 만 70세 이상인 경우 100만 원을 공제해 준다. 기본공제 대상자가 장애인인 경우 200만 원을 추가로 공제해 주고, 부녀자 공제로 50만 원을 추가 공제 받을 수 있다.

특별소득공제들

보험료 소득공제는 국민건강보험, 고용보험, 노인장기요양보험법에 따라 근로자가 부담한 보험료에 대해 공제를 해준다. 매월 4대보험을 납부하면서 냈던 보험료들이 공제 대상이다.

주택자금 소득공제는 무주택 세대의 세대주가 주택을 구입하기 위해 주택청약종합저축에 납입한 금액, 주택임차를 위해 차입한 전세보증금 차입금의 원리금 상환액 및 주택구입 시 차입한 장기주택저당차입금의 이자상환액에 대해 공제를 해준다.

신용카드 등 사용금액에 대한 공제는 주로 신문기사에서 많이 소개를 한다. 신용카드 등을 연간 사용한 금액에 대해 일정 금액을 공제하는 것인데 전통시장 사용분과 대중교통이용분, 직불카드 사용분은 공제를 좀 더 받을 수 있다. 신용카드 등 사용금액에 대해 전액을 해주는 것은 아니고 연간 총급여액의 25%를 초과한 금액에 대해 15%에서 40%를 공제해 주고 있어 생각보다 많은 금액을 공제해주지는 않는다. 참고로 신용카드 등 사용금액은 기본공제대상자인 배우자나 부모님(직계존속), 자녀(직계비속)가 사용한 사용금액을 공제받을 수 있다.

넷급여로 인한 연말정산처리 문제(연말정산 환급액은 누구것일까?)

상황: 넷급여로 급여를 지급하는 경우 매월 소득세를 원장이 대신 납부하여 준다.

원장: 연말정산을 해서 세금을 돌려받는 금액은 매월 소득세를 대신 납부한 세금을 돌려받는 것이므로 원장이 가져야 한다.

직원: 넷급여 계약을 해서 매월 소득세를 원장이 대신 납부해줬지만 나의 부양가족과 신용카드 등 사용금액이 많아서 돌려 받는 것이므로 직원에게 줘야 하는 것이 맞다.

원장과 직원의 입장이 다를 수 있다. 세금을 환급받지 않고 내야 한다면 원장이 부담을 하지만 환급을 받는 경우 직원과 다툼이 생길 수 있다.

원장이 낸 세금을 정산한 것이므로 논리적으로 원장이 가져가야 하지만 직원의 상황에 따라 환급을 많이 받을 수 있으므로 직원의 말이 일리는 있다. 그래서 넷급여로 계약하기 보다 총급여로 계약을 하거나 연말정산으로 환급이나 납부액이 생긴다면 같이 부담하기로 사전에 협의가 되어야 한다. 실무적으로 채용을 하기 전에 넷급여나 총급여에 대한 협의를 하여야 하고, 만약 넷급여로 채용을 한 경우 연말정산에 대한 협의를 미리 해두어야 연말정산의 다툼을 없앨 수 있다.

8

직원을 내보내는 절차 (권고사직 vs. 해고)

병의원을 운영하다 보면 여러 가지 이유로 직원을 정리해야 하는 경우가 있다. 근무태도가 불성실하거나 잦은 실수로 병의원을 운영하는 데 마이너스가 된다면 직원을 내보내야 하는데 이때 권고사직 혹은 해고의 방법으로 근로계약을 종료한다.

권고사직은 원장이 직원에게 퇴사를 권유하고 직원은 퇴사권고에 응하는 것이다. 이 경우 반드시 원장은 퇴사하는 직원의 사직서를 받아야 한다. 서로 협의하여 권고사직하였지만 퇴사 후에 퇴사한 직원이 부당하게 해고를 당했다고 주장하는 경우가 있기 때문이다. 권고사직의 경우 원만하게 퇴사가 된 것이므로 직원의 경우 실업급여를 수령할 수 있는 조건이 만족된다면 실업급여를 받을 수 있다. 주의할 점은 병의원에 적용됐던 고용관련 지원금이 축소되거나 취소될 수 있으므로 권고 사직 협의전 확인을 하여야 한다.

해고의 경우에는 원장이 일방적으로 직원에게 통보하여 근로관계를 종결시키는 것이다. 근로기준법 제23조에서는 정당한 이유 없이 직원을 해고할 수 없도록 하고 있다. 정당한 사유가 있다 하더라도 해고 절차를 분명하게 지켜야 하는데 해고를 할 때는 해고하고자 하는 날의 30일 전에 해고예고 통지를 하여야 한다. 만약 해고통지를 하지 않았다면 30일분 이상의 통상임금을 해고예고수당으로 지급하여야 한다. 5인 이상 사업장의 경우에는 해고 사유를 서면으로 통지하여야 하므로 더 엄격하게 절차를 지켜야 한다. 만약 해고에 대한 절차가 지켜지지 않은 경우 부당 해고 분쟁이 발생할 수 있고 근로자를 복직시켜야 하거나 해고 기간 동안 급여나 합의금을 지급하여야 할 수 있으니 주의하여야 한다.

근로기준법 제23조 [해고 등의 제한]

① 사용자는 근로자에게 정당한 이유 없이 해고, 휴직, 정직, 전직, 감봉, 그 밖의 징벌(懲罰)(이하 "부당해고등"이라 한다)을 하지 못한다.

② 사용자는 근로자가 업무상 부상 또는 질병의 요양을 위하여 휴업한 기간과 그 후 30일 동안 또는 산전(産前) · 산후(産後)의 여성이 이 법에 따라 휴업한 기간과 그 후 30일 동안은 해고하지 못한다. 다만, 사용자가 제84조에 따라 일시보상을 하였을 경우 또는 사업을 계속할 수 없게 된 경우에는 그러하지 아니하다.

9

직원이 퇴사를 하면서 권고사직으로 해달라고 한다.

오래 근무한 직원이 개인적인 사유로 퇴사를 하려고 하는데 권고사직으로 처리해달라고 요청을 한다면 어떻게 해야 할까? 직원에게 개인적 사정으로 퇴사를 하는 것보다 권고사직으로 퇴직하는 것이 뭔가 좋아서 할 텐데 원장의 입장에서 꺼림직한 마음이 드는게 사실이다. 오래 성실하게 근무했던 직원이라 도와주고 싶은 마음도 한편 들기도 한다.

직원이 퇴사할 때 병의원에서 고용보험공단에 퇴사신고를 하여야 하는데 퇴직사유를 따로 적게 되어 있다. 예를 들어 권고사직, 계약의 만료, 개인질병, 임금체불, 근로조건의 변동, 타 직장으로 이직, 육아로 인한 자진퇴사 등의 사유를 밝히게 되어 있다.

퇴사한 직원이 실업급여를 받기 위해서 우선 실질적 18개월 동안 고용보험이 적용되는 사업장에서 180일 이상 근무하여야 하고 근로의 의사와 능력을 가지고 적극적으로 구직활동을 하여야 한다. 퇴직할 때 사유가 중대한 귀책으로 해고가 된 경우, 전직을 하거나 가사, 학업 등 이유로 자발적으로 퇴사를 한 경우 등은 스스로 퇴직하였으므로 실업급여를 받을 수가 없다. 반면 병의원의 원장에 의한 권고사직이나 사업장의 폐업 등 직원 본인의 의사와 상관없이 퇴직한 경우 실업급여를 받을 수 있다.

자발적으로 퇴직을 하더라도 실업급여를 수령하기 위해 퇴직사유를 권고사직으로 해달라고 요청을 하는 것이다. 실제 권고사직으로 퇴직을 하였다면 당연히 권고사직을 퇴사사유로 하여 고용보험공단에 보험상실신고를 하여야 한다. 그러나 실제 퇴사 사유와 상관없이 실업급여 수급을 위해 퇴사사유를 임의대로 신고를 하는 경우 결국 실업급여를 부정수급하게 되어 실업급여의 반환은 물론 부정수급액의 2배 추가 징수를 받을 수 있다. 더욱이 2회 이상 부정수급을 받으면 벌금까지 받을 수 있다.

열심히 근무한 직원의 사정을 충분히 이해하고 도와주고 싶고 선의의 거짓말처럼 느껴지지만 실제와 다르게 신고를 하는 것이 부정수급이라는 좋지 않은 결과를 일으킨다.

10

퇴직금 계산하기

1년 이상 계속 근무한 직원이 퇴직하는 경우 퇴직금을 지급하여야 한다. 퇴직금 최저한의 금액을 법으로 정해놓았다. 계속 근로 기간 1년 중 최저 30일분 평균임금을 지급하도록 하고 있다. 연간 퇴직금은 1년을 근무하였다면 대략 1달간의 월급액과 비슷하다. 근로기준법상 퇴직금은 퇴직직전 3개월 평균 급여액에 근속연수를 곱한 금액으로 산출된다. 근무한 기간이 오래될수록 급여가 올라가므로 퇴직금도 같이 올라간다. 예를 들어 간호사가 2년 근무했고 퇴직 직전 3개월 급여가 300만 원이였다면 300만 원 × 2년 = 600만 원으로 계산된다.

만약 공교롭게도 퇴직하기 바로 전달에 상여를 과도하게 지급한 경우에는 어떻게 계산하여야 할까? 평균임금을 산정할 때 근로자가 퇴직 직전에 지급한 상여의 경우 전부를 포함해 산정하는 것은 아니다. 퇴직금은 퇴직사유가 발생한 날로부터 14일 이내 지급하여야 하고 연장하는 경우에는 직원과 합의를 하여야 한다.

계약서에 퇴직금을 미리 정해 놓은 경우

병의원의 경우 직원들의 급여를 넷으로 주는 경우가 많아 퇴직금 계산을 할 때 복잡해지는 경우가 있다. 실제 지급액을 기준으로 1년 근무 시 넷급여 한달치를 주면 될 것 같은데 근로기준법으로 퇴직금을 계산을 해보면 금액차이가 상당히 난다. 넷급여가 아닌 세금과 4대보험료를 차감하기 전 기본급과 상여 등을 더한 금액을 기준으로 퇴직금을 계산하기 때문에 실제 지급해야 하는 퇴직금은 더 많다.

그래서 미리 계약을 할 때 1년 근무하는 경우 넷급여 1달치를 주기로 하거나 상여를 제외한 기본급만을 지급하기로 정하고 계약서에 명시를 해놓는다면 어떨까? 결론은 될 수도 있고 안 될 수도 있다. 될 수도 있는 경우는 계약서에 정해놓은 퇴직금이 근로기준법상 퇴직금보다 많다면 계약서에 정해진 금액이 효력이 있지만 반대로 계약서에 정해놓은 퇴직금이 근로기준법상 퇴직금보다 적다면 계약서에 적힌 금액이 아닌 근로기준법상 퇴직금을 주어야 한다.

결국 계약서에 퇴직금 계산하는 방법을 미리 적어두었다 하더라도 최소한 근로기준법상 퇴직금 미만으로 줄 수 없다. 그래서 실무상 계약서에 적어두면 오히려 퇴직금을 더 줘야 하는 상황이 발생할 수 있으므로 계약서에 굳이 적어둘 필요없이 근로기준법상 퇴직금을 계산하여 주는 것이 일반적이다.
[계약서상 퇴직금 ≥ 근로기준법상 퇴직금]이면 OK!

11

퇴직연금제도는 확정기여형(DC)을 활용하자.

퇴직금은 실제 직원이 퇴직할 때 계산하여 주는 방법도 있지만 퇴직연금제도를 활용할 수 있다. 퇴직연금이란 근로자의 노후생활을 보장하기 위하여 회사가 근로자에게 지급해야 할 퇴직급여(퇴직금)를 회사가 아닌 금융회사(퇴직연금사업자)에 맡기고 기업 또는 근로자의 지시에 따라 운용하여 근로자 퇴직 시 일시금 또는 연금으로 지급하는 제도이다. 따라서 회사가 도산하는 등의 문제가 생겨도 근로자는 금융회사로부터 퇴직급여를 안정적으로 받을 수 있다.[1] 주의할 점은 퇴직연금의 방법이 아니라 간호사와 약정을 하여 퇴직금을 매년 주기로 하였더라도 간호사가 실제로 퇴직할 때 퇴직금 지급을 주장하는 경우 약정과 상관없이 퇴직금을 다시 지급해야 하는 경우가 있으므로 매년 정산하기로 하였다면 퇴직연금제도를 활용하여야 한다.

확정급여형 퇴직연금제도(DB형, Defined Benefit Retirement Pension)

확정급여형 퇴직연금제도는 퇴직금을 회사가 책임을 진다. 회사가 근로자의 퇴직연금의 재원을 외부 금융회사로 적립을 하고 회사의 책임하에 운용을 한다. 근로자가 퇴직을 하는 경우 외부 금융회사에서 운용한 퇴직금을 인출하여 지급한다. 이때 근로자에게 퇴직 시 지급하는 금액은 근로기준법상 퇴직금으로 퇴직 직전 3개월 평균급여에 근속연수를 곱한 금액을 지급한다. 외부 금융기관에 적립한 금액이 이익이 난 경우 법정 퇴직금만 지급하면 되므로 회사에게 이익이 될 수 있다. 반대로 손실이 나는 경우에는 법정 퇴직금 지급액은 회사의 손실과 관계없이 지급하여야 하므로 회사에 손실이 생길 수 있다. 직원의 입장에서 근무 마지막 연도 최종

1) [네이버 지식백과] 퇴직연금이란?

3개월의 급여를 평균하여 퇴직금을 지급하므로 임금이 상승하고 장기근속하는 경우 근로자에게 유리하다. 하지만 확정급여형(DB형) 퇴직연금의 경우 매년 불입액을 모두 해당연도 비용처리를 하지 않고 한도계산을 하므로 세금면에서 불리할 수 있다.

확정기여형 퇴직연금제도 (DC형, Defined Contrubution Retirement Pension)

확정기여형 퇴직연금제도는 퇴직금을 근로자가 적립금으로 운용하는 방식이다. 회사는 매년 연간 임금총액의 1/12정도 적립을 하고 해당 적립액을 직원이 받아서 운용을 한다. 근로자의 개별 퇴직급여계좌에 매년 일정액을 납입하고 이를 근로자가 운용하는 형식이다. 퇴직금을 매년 적립하여 병의원이 파산을 하거나 임금체불이 되는 위험을 줄일 수 있다. 급여가 매년 오른다면 확정기여형(DC형)은 퇴직금의 계산을 퇴직하기 전이라도 매년 불입한 금액으로 퇴직금을 지급하므로 최종 3개월 근무기간 월급액을 기준으로 계산하는 확정급여형(DB형)에 비해 퇴직금이 적을 수 있다. 하지만 확정기여형(DC형) 퇴직연금의 경우 원장이 퇴직연금에 불입하는 금액을 모두 해당 연도 비용으로 인정받을 수 있으므로 절세에 유리할 수 있다.

개인형퇴직연금(IRP, Individual Retirement Pension)

병의원에서 가입하는 확정급여형(DB형) 혹은 확정기여형(DC형) 퇴직연금과 별도로 직원 개인 부담으로 추가로 퇴직연금을 가입하는 것이다. 퇴직하는 경우 연금이나 일시금으로 수령할 수 있다. 실무상으로는 퇴직금마련을 위하여 가입하는 경우보다 연말정산시 세액공제가 가능하기 때문에 가입을 한다. 연말에 일시에 개인형퇴직연금에 가입하더라도 연말정산은 전액 가능하기 때문에 연말에 금융회사의 권유에 의해 가입을 많이 한다. 조건에 따라 다르지만 개인연금과 합산하여 최대 700만 원을 납입하면 92만 4천 원의 세액을 공제할 수 있다.

병의원의 퇴직연금가입은 확정기여형(DC형)으로 가입

퇴직연금은 확정기여형(Defined Conrtribution)과 확정급여형(Defind Benefit)중 하나를 선택해야 한다. 퇴직연금의 경우 직원이 퇴직하기 전이라도 퇴직연금으로 불입하는 금액을 매년 비용으로 처리할 수 있어 절세를 할 수 있다. 특히 확정기여형(DC형)의 경우 퇴직연금으로 불입한 금액을 한도없이 비용처리가 가능하므로 절세측면에서 적극적으로 활용할 수 있다.

확정기여형(DC형)은 원장이 매년 발생하는 퇴직금상당액을 불입하면 퇴직금지급의무가 종결되고 근로자의 퇴직금은 퇴직으로 적립한 금액의 운용실적에 따라 달라진다. 확정급여형(DB형)은 퇴직연금으로 불입한 금액에 대한 운용결과는 전적으로 원장이 책임지고 간호사나 페이닥터는 근로자 퇴직 시 기존의 퇴직금 지급방식대로 지급을 한다. 두 가지 방법을 쉽게 말하면 확정기여형(DC형)은 원장은 퇴직금을 불입만 하면 되고 퇴직계좌 운용에 대한 책임은 간호사나 페이닥터에게 있어 수익이 높아지건 낮아지건 원장은 상관없다는 것이다. 반면 확정급여형(DB형)은 계좌를 운영하는 것은 원장의 책임하에 이루어지며 운용수익이 많이 났다고 간호사나 페이닥터에게 퇴직금을 더 주는 것은 아니다. 반면 운용손실이 나면 원장이 퇴직금만큼은 보전해서 지급해야 한다.

확정기여형(DC형)은 매년 한 달 정도의 월급을 외부금융기관에 적립한 후 직원이 퇴직할 때 퇴직금을 수령하면 되고 확정급여형(DB형)은 근무 마지막 연도 최종 3개월의 급여를 평균하여 퇴직금을 지급하므로 임금이 상승하고 장기근속 하는 경우 퇴직금이 높아져 근로자에게 유리하다. 그림처럼 월급이 매월 100만 원씩 오른다면 지급해야 할 퇴직금이 확정기여형(DC형)과 확정급여형(DB형)이 차이가 날 수 있다.

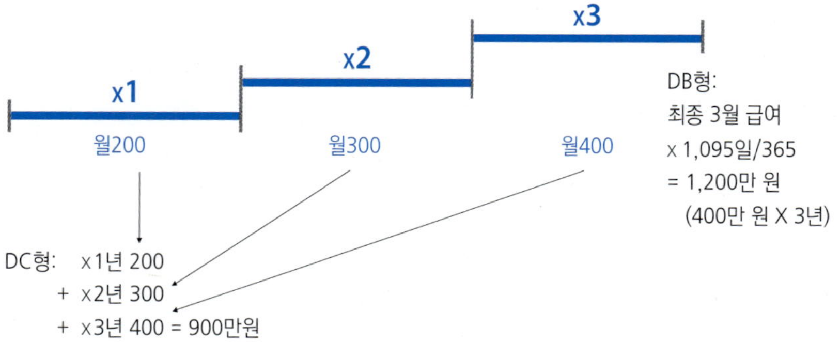

대부분의 병의원과 중소기업은 확정기여형(DC형)을 가입한다. 확정기여형(DC형)을 많이 가입하는 이유는 세금의 비용처리에 차이가 있기 때문이다. 확정기여형(DC형)의 경우 불입하는 금액 그대로 모두 당해 비용으로 처리할 수 있는 반면 확정급여형(DB형)은 한도금액을 계산하여 한도까지만 비용처리가 가능하다. 확정기여형(DC형)의 또 하나의 장점은 간호사나 페이닥터 명의로 개설되고 매년 퇴직금 적립액을 확인할 수 있어 만족도가 높다.

12

퇴직금 중간정산 가능할까?

장기간 근무한 직원의 경우 퇴직금을 중간에 정산해달라고 요구하는 경우가 있다. 퇴직금 중간정산은 실제 퇴직하지 않았지만 현재까지 근무한 일수를 기준으로 퇴직금을 정산을 해주고 실제로 퇴직할 때는 정산일의 다음날부터 퇴직금을 다시 계산하여 주는 것이다.

퇴직금 중간정산은 아무 때나 요구할 수 있는 것은 아니다. 퇴직급여 보장법에서 퇴직금중간정산 사유를 정해 놓았다. 직원의 사정에 따라 퇴직금중간정산 사유에 해당하는 경우에는 퇴직금 중간정산을 원장에게 요구할 수 있다.

1. 무주택자인 근로자가 본인 명의로 주택을 구입하는 경우
2. 무주택자인 근로자가 주거를 목적으로 보증금을 부담하는 경우. 이 경우 근로자가 하나의 사업에 근로하는 동안 1회로 한정한다.
3. 근로자가 6개월 이상 요양을 필요로 하는 본인, 배우자, 부양가족의 질병이나 부상에 대한 의료비를 해당 근로자가 본인 연간 임금총액의 1천 분의 125를 초과하여 부담하는 경우
4. 퇴직금 중간정산을 신청하는 날부터 거꾸로 계산하여 5년 이내에 근로자가 「채무자 회생 및 파산에 관한 법률」에 따라 파산선고를 받은 경우
5. 퇴직금 중간정산을 신청하는 날부터 거꾸로 계산하여 5년 이내에 근로자가 「채무자 회생 및 파산에 관한 법률」에 따라 개인회생절차개시 결정을 받은 경우
6. 사용자가 기존의 정년을 연장하거나 보장하는 조건으로 단체협약 및 취업규칙 등을 통하여 일정나이, 근속시점 또는 임금액을 기준으로 임금을 줄이는 제도를 시행하는 경우

6의 2. 사용자가 근로자와의 합의에 따라 소정근로시간을 1일 1시간 또는 1주 5시간 이상 변경하여 그 변경된 소정근로시간에 따라 근로자가 3개월 이상 계속 근로하기로 한 경우

6의 3. 근로시간의 단축으로 근로자의 퇴직금이 감소되는 경우

7. 재난으로 피해를 입은 경우로써 고용노동부장관이 정하여 고시하는 사유에 해당하는 경우

원장은 퇴직금중간정산 사유에 따라 퇴직금을 미리 정산하여 지급한 경우 근로자가 퇴직한 후 5년이 되는 날까지 관련 증명 서류를 보존하여야 한다.

13

출산 전후휴가(모성보호)와 육아휴직

출산 전후휴가는 임신이나 출산 등의 사유로 휴가를 신청할 수 있다. 임신 중인 여성의 출산을 위해 보장을 하고 있다. 임신 중의 여성은 출산 전과 출산 후 90일의 출산 전후휴가를 주고 휴가 기간의 배정은 출산 후에 45일 이상 확보되도록 부여하여야 한다. 출산이 예정보다 늦어져 출산 전휴 휴가가 45일을 초과하더라도 출산 후 45일 이상이 되도록 휴가기간을 연장해 주어야 한다. 출산한 여성직원의 근로의무를 면제하고 임금의 상실없이 휴식을 보장하도록 하는 제도이다.

휴가기간의 임금지급은 통상임금을 기준으로 90일의 급여를 고용보험에서 지급하도록 되어 있다.[2] 통상임금은 원장이 근로자에게 정기적이고 일률적으로 소정근로 또는 총 근로에 대하여 지급하기로 정한 시간급 금액, 일급 금액, 주급 금액, 월급 금액 또는 도급 금액이다.

육아휴직은 만 8세 이하 또는 초등학교 2학년 이하의 자녀를 가진 근로자가 자녀를 양육하기 위해 신청해서 사용하는 휴직이다. 육아휴직 기간은 1년 이내고 부부가 동시에 신청이 가능하다.

원장은 직원이 소정요건을 갖춘 경우 육아휴직을 허용해야 하지만 육아휴직기간 동안 임금을 지급할 의무는 없다. 다만 근로기간이 6개월 미만인 직원에 대해서는 육아휴직을 거부할 수 있다. 직원이 육아휴직을 마친 후에는 휴직전과 동일한 업무 또는 비슷한 수준의 임금을 지급하는 직무에 복귀시켜야 한다. 직원은 육아휴직으로 인한 지원금은 고용노동부에서 시청하여 지급받을 수 있다.

2) 300인 이상 병원의 경우 60일은 사업주가 그 후 30일은 고용보험에서 지급한다.

14

임금명세서
꼭 교부해야 합니다.

임금명세서 작성의무시행

병의원의 직원을 채용하는 경우 가장 먼저 할 일은 근로자와 근로계약서를 작성하는 것이다. 계약서를 작성하고 교부하지 않으면 500만원 이하의 벌금 및 과태료 처분을 받을 수 있다.

근로자에게 매월 최소 1회 이상 임금을 지급하게 된다. 근로자가 임금을 받을 때 근로소득세와 지방세를 차감하고 4대보험료를 공제한 후 지급을 받는다. 넷계약으로 월급을 주고 받기로 했다면 공제 후 금액이 원장과 근로자가 정한 금액일 것이다. 예전에는 임금명세서는 회사에서 계산하고 근로소득지급명세를 세무서에 제출하면 됐지만 이 임금명세서를 꼭 근로자에게도 교부해야 한다.

임금명세서를 교부하지 않는 경우 벌칙조항에서 500만 원 이하의 과태료를 부과한다고 규정하고 있다. 임금명세서를 교부하는 이유는 임금액의 생성 근거에 대해 노사간 이견이 많았기 때문에 이를 투명하기 위한 조치이다. 임금명세서 교부의무로 인해 근로일수와 근로시간에 신경을 써야 할 것으로 보인다.

임금명세서 필수기재사항

(1) 성명, 사원번호, 생년월일 등 근로자를 특정할 수 있는 정보

근로자를 특정할 수 있다면 성명만 기재할 수 있다. 다만 동명이인이 있을 수 있으므로 성명이외 생년월일 등을 기재하여 특정하는 것이 좋다.

(2) 임금지급일

임금지급은 매월 1회 이상 일정한 날짜를 정해서 지급해야 한다. 혹시라도 임금이 실제로 지급이 되지 않더라도 임금명세서는 교부해야 한다. 상여금, 근속수당과 같은 부정기적인 임금과 퇴사자에 대한 임금은 실제 지급일을 임금지급일로 기재해야 한다.

(3) 임금총액(세전금액)

넷급여로 계약을 했더라도 세전금액으로 적어야 한다. 근로자의 월급에서 근로소득세, 지방소득세, 4대보험료가 공제되는데 임금총액은 공제 이전 임금 총액을 말한다. 이와 함께 실제로 지급하는 금액도 함께 기재하여야 한다.

(4) 임금의 구성항목별 금액

임금의 구성항목별 금액을 모두 적어야 한다. 기본급, 연장근로수당, 야간근로수당, 휴일근로수당, 연차수당과 같은 각종 수당을 모두 기재해야 한다. 실제로 수당을 받는 근로자에 대해서만 기재하면 되고 수당이 없는 근로자는 명세서에 반영할 필요는 없다.

(5) 임금의 구성항목별 계산방법

임금이 어떻게 계산이 되었는지도 기재하여야 한다. 임금의 구성항목별 금액이 어떻게 산출되었는지 산출식 또는 산출방법을 기재하고 근로자가 알 수 있도록 구체적인 수

치가 포함된 산출식을 적어주면 좋다.

모든 임금 항목에 대한 산출식을 적을 필요는 없고 출근일수나 시간에 따라 금액이 달라지는 항목에 대해서만 계산방법을 작성해도 된다. 예를 들어 식대의 경우에는 출근일수 기재, 일직이나 숙직을 했다면 그 일수를 기재하면 된다.

연장, 야간, 휴일근로의 경우 추가된 근로시간이외 가산수당이 발생하므로 실제 연장, 야간, 휴일 근로시간 수를 포함하여 계산방법을 작성해야 한다.

(예시) 연장근로시간 300,000 = 10시간 × 20,000원 × 1.5

(6) 공제항목별 금액과 총액 등 공제 내역

소득세와 4대보험료의 금액을 공제내역에 기재해야 한다. 혹시 가불금이 있어 공제를 하였다면 해당 금액도 기재하여야 한다.

임금명세서는 교부하는 방법

임금명세서의 교부는 서면으로 해도 되지만 전자적인 방법으로 해도 된다. 앱을 통한 조회, 이메일발송, 문자메세지나 카톡으로 발송을 해도 된다. 다만 수신이 되지 않은 경우나 반송이 되는 경우 교부에 대한 효력에 문제가 있을 수 있으므로 수신이 잘되는지 확인해야 한다.

근로기준법 제43조【임금 지급】

① 임금은 통화(通貨)로 직접 근로자에게 그 전액을 지급하여야 한다. 다만, 법령 또는 단체협약에 특별한 규정이 있는 경우에는 임금의 일부를 공제하거나 통화 이외의 것으로 지급할 수 있다.

② 임금은 매월 1회 이상 일정한 날짜를 정하여 지급하여야 한다. 다만, 임시로 지급하는 임금, 수당, 그 밖에 이에 준하는 것 또는 대통령령으로 정하는 임금에 대하여는 그러하지 아니하다.

근로기준법 제48조【임금대장 및 임금명세서】

① 사용자는 각 사업장별로 임금대장을 작성하고 임금과 가족수당 계산의 기초가 되는 사항, 임금액, 그 밖에 대통령령으로 정하는 사항을 임금을 지급할 때마다 적어야 한다.

② 사용자는 임금을 지급하는 때에는 근로자에게 임금의 구성항목 · 계산방법, 제43조 제1항 단서에 따라 임금의 일부를 공제한 경우의 내역 등 대통령령으로 정하는 사항을 적은 임금명세서를 서면(「전자문서 및 전자거래 기본법」 제2조 제1호에 따른 전자문서를 포함한다)으로 교부하여야 한다.

Part

05

업무용승용차 과세제도

"사업이 잘되면 차부터 바꿔라"라는 말도 이제 효과가 많이 없어졌다. 성공을 하면 좋은 차 좋은 집 사고 싶은 건 어떻게 보면 본능일지 모르겠다. 업무용승용차과세제도가 도입되기 전에는 고가의 승용차를 사면 비용처리가 5년에 걸쳐 가능했기 때문에 어느 정도의 병의원의 세금을 줄이는 효과가 있었다. 업무용승용차 관련 과세제도 합리화를 위하여 대대적으로 해당 규정이 도입된 후 승용차를 이용한 절세효과가 많이 사라진 것이 사실이다.

업무용승용차에 대한 규정은 크게 고가의 승용차에 대한 과도한 비용처리를 방지하는 것과 병의원의 자동차로 구입하고 실제로는 배우자나 자녀 등 특수관계자들이 타는 것을 막기 위하여 만들어졌다.

결론적으로 업무용승용차는 연간 감가상각비 및 리스료 등 감가상각비 상당액은 연간 한도 800만 원까지만 인정하고 감가상각비 이외 주유비 등 기타 업무용승용차 관련 비용의 합계가 연간 1천 5백만 원까지만 비용처리가 가능하다. 운행일지 작성여부에 따라 해당 금액이 더 늘어날 수는 있는데 감가상각비 및 감가상각비 상당액의 연간 800만 원 한도는 그대로이고 주유비 등 기타 비용이 늘어나는 구조여서 기타 비용이 많지 않다면 비용처리를 할 수 있는 금액이 늘지 않는다.

업무용승용차과세제도가 계산도 어렵고 체크할 사항이 많지만 자세한 세무처리는 세무사에게 맡기고 핵심 위주로 규정만 알아두면 차량 관련 비용을 처리하는 데 도움이 될 것이다. 병의원은 성실신고 대상자가 많은데 성실신고사업자의 경우 좀 더 주의하여야 하므로 핵심은 꼭 알아두어야 한다.

1

현금 구입, 할부, 리스, 장기렌트 어느 방법이 유리할까?

승용차를 구입할 때 어떻게 사야 세금을 조금이라도 줄일 수 있을까? 결론은 세금 처리하는 것에는 큰 차이가 없다. 4가지 방법 중 가장 유리한 방법은 오히려 현금취득 시 할인금액, 할부 이자, 리스 이자, 장기렌트 수수료를 비교하여 보유기간 동안 자동차 관련 비용이 가장 적은 방법을 선택하면 된다. 업무용승용차과세제도를 적용하면 감가상각비 또는 감가상각비 상당액에 대하여 연간 한도가 800만 원이어서 감가상각비를 줄이기 위해 리스기간이나 장기렌트기간을 최대 가능 기간으로 설정하는 경우가 많다. 보통 리스나 할부의 경우 5년이 최대 기간이므로 자동차를 구입한 경우 5년간 현금 구입, 할부, 리스, 장기렌트 중 어떤 방법이 가장 할인을 많이 받고 이자가 적은지에 대하여 비교해 보는 것이 좋다.

세무처리를 살펴보면 현금으로 사는 경우에는 자동차를 취득하여 원장 명의로 구입하면 재무상태표에 차량으로 계상 후 감가상각을 하여 비용을 계산한다. 할부의 경우에도 금융회사에 할부금을 빌려 취득한 후 현금으로 구입한 경우와 동일하게 재무상태표에 계상 후 감가상각을 하여 비용을 처리한다.

리스와 장기렌트는 승용차가 내 것이 아니고 빌려타는 것이므로 재무상태표에 차량을 계상하지 않고 리스료나 장기렌트비를 수수료 개념으로 매월 지급한다. 매월 지급하는 리스료나 장기렌트비를 감가상각비와 비슷하게 봐서 감가상각비상당액이라고 하여 연간 리스료나 장기렌트비가 연간한도인 800만 원을 초과하는지 여부를 판단한다.

2

업무용승용차의 적용대상 및 제외대상

업무용승용차과세제도의 적용 대상은 대부분의 승용자동차라고 생각하면 된다. 병의원의 승용차들은 거의 업무용승용차과세제도를 적용받는다. 업무용승용차과세제도를 적용받지 않는 차량은 경차와 9인승 이상 승합차 및 화물차 등이다. 업무용승용차과세제도를 적용받지 않으면 연간 한도에 대한을 제한을 받지 않는다. 만약 병의원에 경차나 9인승 이상 카니발 같은 승합차가 있다면 해당 차량은 업무용승용차과세제도의 적용대상 차량이 아니기 때문에 업무용승용차과세제도의 규정을 적용받지 않고 감가상각비가 800만 원이 넘더라도 비용처리가 가능하다.

경차나 9인승 이상 승합차 및 화물차의 기준이 모호하다면 해당 차량을 구입할 때 개별소비세 과세대상인지에 따라 판단하면 된다. 차량 구입할 때 개별소비세를 납부하여야 한다면 적용 대상이지만 개별소비세가 면제되는 차량이면 적용 대상이 아니다. 다만 개별소비세를 한시적으로 감면해 주는 차량도 업무용승용차과세제도 대상 자동차이다.

3

업무용승용차 감가상각비 및 관련 비용

차량을 구입하는 방법을 크게 2가지로 볼 수 있다. 내 돈으로 구입하는지 차입하여 구입하는지에 따라 현금구입과 리스 및 장기렌트로 구분할 수 있다. 현금으로 구입하는 경우 다른 비품이나 의료장비처럼 자산에 계상하여 감가상각을 한다. 하지만 리스나 장기렌트의 경우는 감가상각을 하지 않으므로 감가상각비와 비슷한 개념의 감가상각비상당액을 계산한다. 리스의 경우 매월 납입하는 리스료에는 리스회사의 임차료에 상당하는 이자가 있으므로 매월납입액이 모두 감가상각비상당액이 될 수는 없다. 매월 납입하는 리스료에 임차료와 기타비용 등을 구분할 수 있는 경우 해당 금액을 감가상각비상당액으로 계산하고 그렇지 않은 경우에는 리스료의 7%를 기타 업무용승용차 관련 비용으로 치고 93%의 금액만큼 감가상각비상당액으로 계산한다. 장기렌트의 경우에는 임차료와 기타 비용 뿐만 아니라 보험료, 수선유지비 등이 포함되어 있으므로 매월 렌트비에 70%의 금액을 감가상각비상당액으로 계산한다.

힘들게 감가상각비상당액을 계산하는 이유는 업무용승용차과세제도를 적용하기 위해서 감가상각비 연간 한도금액 800만 원을 계산해야 하기 때문이다. 리스와 장기렌트의 경우 감가상각을 하지 않지만 감가상각비상당액을 계산하여 연간 한도금액 800만 원을 계산한다.

업무용승용차 관련비용은 업무용승용차를 취득하거나 임차함에 따라 해당 사업연도에 발생하는 비용으로 업무용승용차에 대한 감가상각비, 임차료, 유류비, 보험료, 수선비, 자동차세, 통행료 및 금융리스부채에 대한 이자비용 등 업무용승용차의 취득 및 유지를 위하여 지출한 비용을 말한다.

업무용승용차는 차량별로 적용을 하고 공동사업으로 병의원을 운영하는 경우 공동사업자 각각 소유하는 차량을 대상으로 업무용승용차과세제도에 맞게 비용처리 할 수 있다. 페이닥터가 개인 소유의 차량을 운행하는 경우 병의원의 자산이 아닌 경우에는 감가상각비 등의 업무용승용차관련 비용을 인정받을 수는 없지만 유류비를 지급하는 경우에는 관련 비용에 추가하거나 복리후생비 등 성격으로 경비처리할 수 있다.

4

업무용승용차 한도의 이해

기본 개념을 익혔으니 업무용승용차과세제도가 어떻게 적용되는지 알아봐야겠다. 업무용승용차과세제도가 몇 번의 개정을 거치면서 어렵게 만들어졌다. 병의원원장의 입장에서는 큰 개념만 이해 후 담당세무사에게 물어보는 것이 좋다.

1 단계: 감가상각비 또는 감가상각비상당액(이하 감가상각비)의 한도 - 800만 원

업무용승용차과세제도의 총 한도는 연간 1천5백만 원이다. 총 한도 안에 또 하나의 한도계산을 하여야 하는데 감가상각비 한도가 바로 그것이다. 감가상각비 또는 감가상각 상당액은 연간 800만 원까지만 인정을 해준다. 과세취지를 알면 도움이 되는데 감가상각비에 한도를 설정한 이유는 고가승용차의 과도한 비용처리를 막기 위해서이다. 감가상각한도금액 800만 원을 5년으로 역산하면 대략 4천만 원이 나오고 4천만 원 이상의 고가승용차를 업무에 전액 사용하였다고 하더라도 감가상각비를 모두 인정하지 않겠다는 의미이다.

2 단계: 감가상각비 한도 800만 원 + 업무용승용차관련비용 = 연간 1천5백만 원

감가상각비와 보험료, 유류비, 수선비 등 관련비용을 합하여 연간 한도를 1천5백만 원으로 정하였다. 감가상각비외에 업무용승용차관련비용이 700만 원을 넘지 않는다면 감가상각한도초과액만 해당연도에 비용처리하지 않고 제외한 후 나중에 감가상각비가 모자를 때 비용으로 인정받을 수 있다. 연간 1천5백만 원이 넘는 경우 운행일지를 작성하여 업무사용비율에 따라 업무용승용차관련비용 700만 원보다 더 많이 비용처리를 할 수 있다. 헷갈리지 않아야 할 것은 운행일지를 작성하였더라도 감가상각한도금액 800만 원이 늘지는 않는다는 것이다.

3 단계: 운행일지 작성여부 검토

세법에서는 운행일지를 작성하도록 되어 있다. 운행일지를 작성하여 업무사용과 비업무사용을 구분하여 업무로 사용하지 않은 경우 해당 비용을 전액 비용처리 하지 않는다. 하지만 총한도금액 1천5백만 원까지는 운행일지를 작성하지 않더라도 1천5백만 원이내 금액을 전액 비용으로 인정해 준다. 업무용승용차관련 총비용이 총한도금액 1천5백만 원 이내로 예상되는 경우에는 운행일지를 따로 작성하지 않아도 비용처리가 가능하다.

만약 1천5백만 원이 넘을 것으로 예상이 되면 운행일지를 작성하여 업무사용비율을 최대한 많이 인정받는 것이 좋다. 운행일지를 작성하지 않는 경우 업무사용비율을 인위적으로 계산하는데 운행일지 작성한 것보다 낮을 가능성이 크기 때문이다.

5

감가상각방법

업무용승용차과세제도 적용 이후 취득하는 업무용승용차는 내용연수 5년간 감가상각방법을 정액법으로 상각하는 것으로 일원화하였다. 그러므로 2016년 1월 1일 이후 성실신고사업자, 2017년 1월 1일 이후 복식부기의무자인 병의원이 업무용승용차과세제도에 해당되는 업무용승용차를 구입하였다면 5년간 정액법으로 감가상각하여야 한다. 차량취득가액을 5로 나누어 매년 감가상각비를 계산한다. 또한 업무용승용차는 반드시 감가상각을 손금에 산입하도록 의무화하였다. 만약 손익계산서에 감가상각비를 반영하지 않은 경우 세무사가 세무조정을 통하여 강제로 비용으로 처리하는 세무조정을 하여야 한다. 참고로 업무용승용차만을 대상으로 하므로 업무용승용차 범위에 제외되는 경차나 9인승 이상 승합차 등은 감가상각비를 임의 계상하는 것이 허용되며 신고내용연수와 정률법을 적용하여 감가상각할 수 있다. 감가상각비가 연간 800만 원을 초과하는 경우 그 초과하는 금액은 해당 사업연도의 비용처리를 하지 못하고 다음 사업연도이후에 감가상각비가 800만 원에 미달하는 경우 그 미달하는 금액을 한도로 하여 비용처리를 한다.

6

업무전용자동차보험 가입

복식부기의무자 및 의사 등 전문직 사업자의 경우 업무용승용차 1대를 제외한 나머지 업무용승용차에 대하여 업무전용보험 가입의무가 있다. 업무전용보험에 가입하지 않은 경우 가입하지 않은 업무용승용차에 대해 발생비용이 50%만 필요경비로 인정한다.[1] 업무전용보험은 병의원의 직원들만 보험의 대상으로 하고 있어 가족 등이 병의원의 직원이 아니라면 보험의 적용을 받지 못한다. 업무전용보험을 가입 시키는 이유가 여기에 있다.

1) 2026년부터는 100% 비용으로 인정하지 않는다.

병의원 원장이 타는 차가 아니라 실제로 배우자 등 가족 등이 타는 차를 병의원의 업무용자동차로 비용처리하는 것을 제한하겠다는 의미이다. 업무전용보험의 가입은 보통 자동차보험을 가입할 때 특약사항으로 체크하면 되므로 추가적인 금액이 발생하는 것은 아니다.

7

업무용승용차 처분이익 혹은 처분손실

업무전용자동차를 중고로 판매할 때 재무상태표상에서 감가상각을 차감한 잔액과의 차이가 이익이 발생할 수도 손실이 발생할 수도 있다. 실제로는 중고차를 판매하면서 이익을 봤다고 생각하는 경우는 드물다. 이익이나 손실이 계산되는 것은 세무상 장부가액과 처분가액가의 차이로 이익이 나기 때문이다. 장부가액과 처분가액의 차이가 나서 이익이 난다면 병의원의 수입에 추가한다. 반대로 업무용승용차를 처분하면서 손실이 발생하는 경우 비용으로 처리할 수 있다. 하지만 처분손실에 대해서도 한도금액 800만 원이 설정되어 있다. 업무용승용차를 판매하여 처분손실이 2천만 원이 났다면 800만 원까지만 비용처리를 받고 내년에 800만 원을 추가로 받고 그 후년에 나머지 400만 원의 손실을 비용으로 처리할 수 있다. 단기에 업무용승용차를 사고 팔아서 막대한 손실을 내서 세금을 줄이는 것을 막기 위한 규정이다.

8

그래서 운행일지작성을 꼭 해야하나?

병의원 원장님들이 업무용승용차 운행일지를 꼭 작성해야 하는지, 진짜 운행할 때마다 작성을 해야 하는지 많이 문의한다. 결론은 실무상 감가상각비한도금액 800만 원과 업무용승용차관련비용 700만 원 연간 총 한도 1천5백만 원이 넘지 않는다면 운행일지를 작성하지 않아도 된다. 연간 총 한도 금액이 넘지 않으면 모두 업무용으로 사용하였다고 보므로 운행일지를 통하여 업무용과 비업무용사용을 나눌 필요가 없기 때문이다.

운행일지를 작성해야 하는 경우는 업무용승용차관련비용이 1천5백만 원이 넘는 경우 그리고 해당 차량을 대부분 업무용으로 사용하는 경우 운행일지를 작성하는 것이 좋다. 몇 가지 경우에는 운행일지를 작성한다고 해서 무조건 절세에 도움이 되는 것은 아니므로 담당 세무사에게 절세 도움을 받아 판단하여야 한다.

세법에서 업무용승용차별로 운행기록 등을 작성 · 비치하여야 하며, 납세지 관할 국세청장이 요구할 경우 이를 즉시 제출하여야 한다고 명시하고 있다. 업무용승용차 운행기록 방법은 국세청 별지 서식 '업무용승용차 운행기록부'를 작성하는 것으로 하되, 별지 서식상의 차종, 자동차등록번호, 사용일자, 사용자, 운행내역이 포함된 별도의 서식으로 작성할 수 있다. 병의원은 국세청이 요청하면 업무용승용차 관리 규정, 출장명령서 등을 통하여 업무목적을 소명하여야 한다.

Part

06

개원을 위한 실전세금

1. 개원자금과 세금
2. 병의원 임차하기
3. 병의원의 인수
4. 의료장비는 일시불 or 리스나 할부?
5. 사업자등록 신청 전 비용들은 인정받을 수 있을까?
6. 의료기관 개설신고 vs. 사업자등록신청

1

개원자금과 세금

일반적으로 개원을 하기 전에 경력과 실력을 쌓고 개원자금 마련을 위해 페이닥터생활을 몇 년간 한다. 개인의 목적과 상황에 따라 개원을 하는데 제일 먼저 개원자금을 어느 정도 마련해야 한다. 개원에 필요한 자금을 페이닥터 생활을 하면서 벌어들인 돈과 함께 닥터론이나 신용대출 등을 모아서 충당이 된다면 개원을 고려할 수 있다. 개원자금을 충당하는 방법으로는 개인자금으로 모두 충당하는 경우, 개인자금과 대출을 활용하는 방법, 개인자금과 대출 뿐만 아니라 부모님의 도움을 받는 방법을 생각해 볼 수 있다.

금융권 대출을 활용하는 방법

개인자금과 함께 닥터론 등 은행 등의 금융권에서 돈을 빌리는 것이 가장 일반적이다. 금융권 대출을 받으면 매달 이자를 내야 하는데 이자비용을 개원후 병의원 수입에서 사업용 비용으로 뺄 수 있다. 개원하기 위해 차입한 자금이 개원자금으로 사용됐다는 사실을 입증할 수 있어야 한다. 개원하는 병의원의 임대 보증금으로 사용하는 경우 계좌이체 내역을 통하여 입증을 할 수 있다. 병의원 기계를 구입하는 데 사용하였다면 대출받은 금액을 판매자에게 이체하고 세금계산서를 잘 받아 보관해야 한다.

가족으로부터 도움을 받는 경우

부모님이나 친척 등 가족에게 개원자금을 도움을 받는 경우 증여문제가 발생한다. 증여란 무상으로 재산을 이전하는 것으로 생각보다 폭이 넓은 개념이다. 개원자금을 계좌로 이체해 주는 것뿐만 아니라 보증금을 대신 내주는 경우 등 증여로 이익을 얻는 경우 세금을 내야 될 수 있다. 개원을 위하여 대출을 받은 후 해당 대출을 가족들이 대신 갚아준 경우에도 증여의 문제가 생길 수 있다.

개원자금을 가족 등에게 증여 받은 경우 증여받은 금액에 대하여 약 3개월 이내에 증여세 신고를 하고 세금이 나온다면 납부도 하여야 한다. 다만 아버지가 개원자금으로 5천만 원을 주었다면 부모자식간 증여재산공제가 5천만 원까지 가능하여 증여세는 나오지 않는다. 증여재산공제액 5천만 원은 증여할 때마다 5천만 원은 아니고 10년간 증여재산공제를 합하기 때문에 결국 10년간 5천만 원만 공제받을 수 있다. 증여재산공제액은 배우자의 경우 6억 원, 직계존비속 5천만 원, 기타 친족(사위, 며느리 등)은 1천만 원이다. 이 이상의 금액을 받았다면 증에세를 신고하고 납부하여야 한다. 증여세는 증여재산공제액을 차감한 금액에 세율을 곱하여 계산하는데 10%에서 50%의 세율을 적용한다.

제3자에게 빌린 경우

금융권이 아닌 개인으로부터 자금을 빌린 경우라면 입증할 수 있는 서류를 좀 더 갖추어야 한다. 차용증을 작성하고 이자율과 이자지급일, 변제 방법 등의 사항을 구체적으로 명시하고 해당 자금을 개원에 사용하기 위하여 차용한다는 내용을 기록해 두어야 한다.

원장의 입장에서 해당 이자도 이자비용으로 처리할 수 있다. 대신 자금을 빌려준 채권자는 이자수입이 생겨 세금을 납부하여야 하는데 이자수입금액의 27.5%를 미리 국세청에 납부한 후 연간 금융수입이 2천만 원을 초과하는 경우 다른 소득과 합하여 소득세를 신고하고 납부하여야 한다. 실제로는 이자를 지급하는 원장이 돈을 빌려준 채권자에게 이자를 줄 때 이자의 27.5%를 덜 주고 따로 갖고 있다가 국세청에 채권자의 세금을 대신 신고하고 납부한다. 이자소득에 대해 원천징수를 한다는 것이다. 개원자금으로 5천만 원을 친한 동기원장 A에게 빌리고 매달 10만 원을 주기로 한 경우 실제로는 10만 원에서 27,500원을 뺀 72,500원만 준다. 27,500원은 빌려준 친구원장 A의 세금이지만 개원한 원장이 갖고 있다가 국세청에 신고하고 납부한다.

결론적으로 개인 간에 자금을 빌려주고 받은 경우 높은 이자소득세의 문제가 발생하게 되므로 세금면에서 한 번 더 생각해 봐야 한다.

가족에게 빌린 경우

가족으로부터 증여를 받지 않고 자금을 빌리는 경우를 생각해 볼 수 있다. 남에게 빌리는 것보다 가족에게 빌리는 것이 수월할 수 있고 이자도 적게 줄 수 있다. 그런데 가족이 개원자금으로 1억 원을 빌려준 경우 차용으로 인정을 받을 수 있는지 문제가 된다. 한국적 사고인지는 모르겠지만 부모와 자식간 개원자금을 빌려준다는 것보다 증여를 했다고 생각하는 경우가 더 일반적이다. 실제로 개원자금에 대하여 증여를 받은 것이 아닌지 국세청에서 검증을 하는 경우 부모로부터 자금을 받았음에도 불구하고 증여로 신고를 하지 않았으면 증여세를 내야될 수 있다. 가족으로부터 자금의 이전이 있는 경우 증여가 아닌지 해명요구를 받을 수 있다. 이때 대부분 개원원장의 소명사항은 빌린 금액이고 병의원이 잘되면 갚으려고 했다고 설명을 한다.

당연히 부모와 자식간 증여가 아니라 실제로 차용을 할 수 있다. 하지만 국세청 생각에 이해가 되지 않는 부분이 있으므로 실제 차용했다는 것을 원장 스스로 입증해야 한다. 부모 자식간 자금이전이 증여가 아닌 차용으로 주장을 하기 위해서 해야 할 일은 간단하다. 제3자에게 돈을 빌린다면 하는 절차를 동일하게 하면 된다. 차용증을 자세히 작성하고 실제 빌렸다는 것을 입증하여야 한다. 만약 최소한 대출이자정도의 이자를 주고 받기로 하였고 이자에 대한 세금까지 원천징수 하였다면 국세청입장에서도 증여가 아니라 차용으로 생각할 수 있을 것이다.

자기자금 vs 대출금 어느 것이 유리할까?

자금을 차용해서 개원을 하는 경우 개원에 사용된 대출에 대한 이자를 비용처리할 수 있으므로 세금면에서 유리할 수 있다. 자기자금만으로 개원하는 경우 이자비용 처리되는 금액이 없어 상대적으로 불리해 보이기까지 한다. 어느 것이 유리한 지는 차입하여 이자비용을 처리하여 얻은 절세금액과 차입한 금액만큼 여윳돈을 투자하여 얻은 수익을 비교하여야 한다.

자기자금 3억 원이 있는 경우

1) 해당 자금을 개원자금으로 사용하고 대출받지 않는 경우
2) 자기자금은 다른 곳에 투자하고 2%의 수익을 얻고, 개원자금은 대출 3억원을 받는 경우로 비교해 볼 수 있다.

	1) 대출받지 않는 경우	2) 대출받는 경우
이자지급액(연이율 3%)	없음	- 9,000,000
이자비용(세율 41.8%가정)	없음	3억×3%×41.8% = +3,762,000
자기자금투자수익율(2%)	없음(자기자금 개원에사용)	+ 6,000,000
합계	0	+ 762,000

계산에서 보면 대출을 받는 것이 유리해 보인다. 하지만 투자수익율에 대한 세금을 한 번 더 고려해야 하고 더 중요한 것은 수익률이 높은 투자처가 있는 지에 따라 다르다. 위와 같이 계산하기 위해서 가정했던 대출금리, 투자수익률, 소득세율이 정해져야 개인별 유불리를 판단할 수 있다.

결론적으로 절세의 문제가 아니라 여유자금을 투자할 만한 대상과 해당 자금에 대한 결정이 더 중요하다. 은행대출이 무조건 절세에 도움이 되는 것은 아니므로 현명한 판단이 중요하다.

2

병의원 임차하기

병의원의 경우 개원의 성패를 병의원의 위치가 절반 이상 차지한다고 해도 과언이 아니다. 사실 건물주의 입장에서 병의원이 들어오는 경우 건물의 이미지가 좋아지고 임대료 걱정이 다른 자영업에 비해 덜 하기 때문에 선호한다. 임대차는 법적인 계약이므로 확인하여야 할 사항들이 많이 있다.

계약서 단서 조항과 특약사항 확인

병의원의 경우 인테리어 및 시설이 한 번 들어오는 경우 이전이 쉽지 않다. 고객에게 어느 정도 홍보가 되었다면 더욱 쉬운 일이 아니다. 그래서 처음부터 병의원을 임차하는 것부터 꼼꼼하게 확인을 하여야 한다.

임대차계약을 하기 전에 건물등기부등본과 건축물대장 등 공문서를 확인하여야 한다. 부동산중개인을 통하여 임차를 하는 경우 중개사가 확인을 대리하여 해주지만 방심하지 말고 직접 몇 가지는 확인하여야 한다. ① 근저당 및 압류 · 가압류가 설정되어 있지는 않은지, ② 병의원 임차하는 부분 및 다른 부분에 무허가 시설이 있는 것은 아닌지, ③건물주가 이야기한 면적과 건축물대장의 면적 및 용도가 동일한지 확인하여야 한다. 특히 ④ 보건소 의료기관개설신고를 할 때 건물의 용도가 1종 근린생활시설, 의료시설로 되어 있어야 허가를 받을 수 있으니 주의하여야 한다. 토지이용계획확인서까지 확인하여 향후 재개발 등의 계획을 확인하여야 한다.

병의원의 단서조항이나 특약사항을 확인하거나 추가하는 것이 좋다. 병의원의 경우 동일한 진료과목을 동일 건물에 개원하는 것을 제한하는 약정, 계약기간의 연장 및 재계약 시 임차료 인상, 인테리어 공사기간동안 임차료 지급여부, 병의원을 퇴거할 때 원상복구해야 하는 수준과 의무, 주차시설 사용유무 및 주차 대수 등 일반적인 계약서에는 포함시킬 수 없지만 임대인과 약정으로 확인을 하여야 할 사항을 서로 협의하여 작성하여야 한다.

임대차 적격증빙과 다운계약서

임차를 하고 매달 임대료를 지급하면 건물주가 세금계산서 등의 증빙을 발행해서 준다. 건물주가 일반과세자라면 세금계산서를 발행해서 주겠지만 간이과세자라면 건물주가 세금계산서를 발행할 수 없기 때문에 증빙을 줄 수가 없다. 건물주가 간이과세자라면 건물주의 계좌로 이체를 하고 금융거래와 임대차계약내용으로 확인이 되면 경비처리를 할 수 있다. 보통 건물주가 일반과세자라면 임차료에 부가가치세를 별도로 지급을 하고 간이과세자라면 임차료만 지급을 한다.

병의원은 면세사업자인데 부가가치세를 지급해야 하는지 헷갈리는 경우가 있다. 병의원이 면세사업자라는 것은 병의원의 입장이고 환자의 진료에 부가가치세 신고 및 납부를 하지 않는다는 것이라서 건물주가 일반과세자인지 간이사업자인지에 따라 부가가치세를 지급한다. 면세사업자는 부가가치세를 매입세액공제를 받지 못하지만 소득세 신고할 때 부가가치세를 포함한 전액을 비용처리 받을 수 있다. 일반사업자의 경우 임대료 100만 원에 부가가치세 10만 원을 지급한다면 부가가치세 10만 원을 매입세액공제로 돌려받고 100만 원은 소득세 신고할 때 비용처리를 한다. 동일한 경우 면세사업자는 부가가치세 10만 원은 돌려받지 못하지만 110만 원을 소득세에서 비용처리를 한다. 겸업사업자의 경우에는 과세사업과 면세사업을 반씩 하고 있다면 부가가치세를 5만 원 돌려받고 105만 원을 소득세에서 비용처리를 받을 수 있다.

최근에는 다운계약을 요구하는 경우가 거의 없지만 만약에라도 실제 임대료보다 세금계산서를 적게 발행해 준다고 할 경우 주의를 하여야 한다. 입지가 너무 마음에 드는 곳이라면 거절하기도 쉽지 않은 경우가 있다. 병의원의 실제 임차료는 3백만 원이지만 세금계산서 발행은 1백만 원만 해준다면 월 2백만 원씩 연 2천4백만 원의 경비를 인정받지 못할 수 있다. 다운계약을 요구하는 경우 정상적으로 세금계산서를 발행해 줄 것을 요청하여야 하고 예외적으로 임차인 입장에서 주장이 힘들다면 차선책으로 계약서는 실제 임차료를 기준으로 작성하고 임차료를 금융계좌로 이체하여 간접적으로 입증 가능할 수 있게 보관을 하여야 한다.

전대 임대차계약은 가능할까?

전대 임대차계약은 부동산의 전세권 위에 다른 전세권을 설정하는 것으로 전세공간의 일부 또는 전체를 다른 임대인에게 다시 임대하는 것을 말한다.[3] 병의원의 일부공간을 피부관리실이나 대기실을 활용한 커피 전문점, 건강식품 판매점 등으로 활용을 하고 싶은 경우 병의원의 임대차계약에 다시 임대차계약을 하는 것이다. 하지만 면세사업을 하는 병의원의 경우 전대를 할 수 없다. 피부관리실이나 기타 용도로 사무실을 사용하려면 새로운 사업자를 국세청에 신고하여 사업을 하여야 하고 이때 건물주와 일부공간에 대한 새로운 계약이 필요하다.

확정일자 받아두기(국세청 민원봉사실에서 신청)

임대차계약을 통하여 병의원을 임차하는 경우 일정부분의 보증금과 월세와 관리비를 지급한다. 임차보증금의 경우 임대차계약이 종료되거나 해지될 때 돌려받는 권리이므로 병의원 재무제표에 자

3) 네이버 지식백과 "전대차계약서".

산으로 처리한다. 매달 지급하는 월세와 관리비는 손익계정상 비용으로 처리한다. 건물주의 사정으로 건물이 경매로 넘어가는 경우와 같이 예상치 못한 경우 보증금을 회수하지 못 할 수 있다. 임대차에 대해서는 상가건물 임대차보호법의 적용을 받게 되는데 계약시점에 확정일자를 받아두는 것이 첫 번째 보호장치이다.

확정일자를 신청하려면 사업자등록이 되어 있어야 하고 임대차 계약서상 임차보증금과 임차료를 환산한 금액이 상가건물 임대차보호법에 규정해놓은 한도를 넘지 않아야 한다. 임차료에 100을 곱한 값에 보증금을 합한 금액을 환산보증금이라고 한다. 보증금 1억 원에 월세 200만 원이라면 환산보증금은 3억 원이다(2,000,000 × 100 + 1억 원). 해당 환산보증금이 보호대상 보증금 한도 이내 금액이라면 국세청에 확정일자를 신청해 보증금을 보호받는 것이 좋다.

지역	환산보증금
서울특별시	9억 원 이하
수도권 과밀억제권역(서울특별시 제외) 부산광역시	6억 9천만 원 이하
광역시(수도권 과밀억제권역과 군지역, 부산광역시 제외), 안산시, 용인시, 김포시, 광주시, 세종특별자치시, 파주시, 화성시	5억 4천만 원 이하
그 밖의 지역	3억 7천만 원 이하

확정일자를 받으면 임차인이 보호를 받을 수 있다. 건물을 임차하여 인도받고 사업자등록을 하고 확정일자를 받은 임차인은 해당 건물이 경매 또는 공매되더라도 임차건물의 매각대금에서 후순위 권리자보다 우선하여 보증금을 변제 받을 수 있다. 건물주가 건물을 제3자와 매매하여 임대인이 바뀐 경우라도 사업자등록을 한 임차인은 새로운 소유자에게 임차권을 주장할 수 있다.

임차인에게 10년 범위 내에서 계약갱신요구권이 있다. 임대인은 법에서 정한 정당한 사유가 없이 계약갱신요구를 거절할 수 없으므로 10년간 병의원을 운영할 수 있다. 다만, 임대차 기간 만료 전 6월부터 1월까지 계약갱신을 요구하여야 한다. 참고로 최우선변제권을 적용받을 수도 있는데 임차보증금이 소액인 경우에 해당이 된다. 서울의 경우 환산 보증금이 6천5백만 원 이하인 경우 근저당권자보다 우선하여 변제받을 수 있다. 최우선변제권을 적용받는 금액이 적어 실무적으로 병의원이 해당되는 경우는 거의 없다.

상가건물 임대차보호법

제3조【대항력 등】

① 임대차는 그 등기가 없는 경우에도 임차인이 건물의 인도와 「부가가치세법」 제8조, 「소득세법」 제168조 또는 「법인세법」 제111조에 따른 사업자등록을 신청하면 그 다음 날부터 제3자에 대하여 효력이 생긴다.

② 임차건물의 양수인(그 밖에 임대할 권리를 승계한 자를 포함한다)은 임대인의 지위를 승계한 것으로 본다.

③ 이 법에 따라 임대차의 목적이 된 건물이 매매 또는 경매의 목적물이 된 경우에는 「민법」 제575조 제1항 · 제3항 및 제578조를 준용한다.

④ 제3항의 경우에는 「민법」 제536조를 준용한다.

제5조【보증금의 회수】

① 임차인이 임차건물에 대하여 보증금반환청구소송의 확정판결, 그 밖에 이에 준하는 집행권원에 의하여 경매를 신청하는 경우에는 「민사집행법」 제41조에도 불구하고 반대의무의 이행이나 이행의 제공을 집행개시의 요건으로 하지 아니한다.

② 제3조 제1항의 대항요건을 갖추고 관할 국세청장으로부터 임대차 계약서상의 확정일자를 받은 임차인은 「민사집행법」에 따른 경매 또는 「국세징수법」에 따른 공매 시 임차건물(임대인 소유의 대지를 포함한다)의 환가대금에서 후순위권리자나 그 밖의 채권자보다 우선하여 보증금을 변제받을 권리가 있다.

③ 임차인은 임차건물을 양수인에게 인도하지 아니하면 제2항에 따른 보증금을 받을 수 없다.

④ 제2항 또는 제7항에 따른 우선변제의 순위와 보증금에 대하여 이의가 있는 이해관계인은 경매법원 또는 체납처분청에 이의를 신청할 수 있다.

⑤ 제4항에 따라 경매법원에 이의를 신청하는 경우에는 「민사집행법」

제152조부터 제161조까지의 규정을 준용한다.

⑥ 제4항에 따라 이의신청을 받은 체납처분청은 이해관계인이 이의신청일부터 7일 이내에 임차인 또는 제7항에 따라 우선변제권을 승계한 금융기관 등을 상대로 소(訴)를 제기한 것을 증명한 때에는 그 소송이 종결될 때까지 이의가 신청된 범위에서 임차인 또는 제7항에 따라 우선변제권을 승계한 금융기관 등에 대한 보증금의 변제를 유보(留保)하고 남은 금액을 배분하여야 한다. 이 경우 유보된 보증금은 소송 결과에 따라 배분한다.

⑦ 다음 각 호의 금융기관 등이 제2항, 제6조 제5항 또는 제7조 제1항에 따른 우선변제권을 취득한 임차인의 보증금반환채권을 계약으로 양수한 경우에는 양수한 금액의 범위에서 우선변제권을 승계한다.

1. 「은행법」에 따른 은행
2. 「중소기업은행법」에 따른 중소기업은행
3. 「한국산업은행법」에 따른 한국산업은행
4. 「농업협동조합법」에 따른 농협은행
5. 「수산업협동조합법」에 따른 수협은행
6. 「우체국예금 · 보험에 관한 법률」에 따른 체신관서
7. 「보험업법」 제4조 제1항 제2호라목의 보증보험을 보험종목으로 허가받은 보험회사
8. 그 밖에 제1호부터 제7호까지에 준하는 것으로서 대통령령으로 정하는 기관

⑧ 제7항에 따라 우선변제권을 승계한 금융기관 등(이하 "금융기관등"이라 한다)은 다음 각 호의 어느 하나에 해당하는 경우에는 우선변제권을 행사할 수 없다.

1. 임차인이 제3조 제1항의 대항요건을 상실한 경우
2. 제6조 제5항에 따른 임차권등기가 말소된 경우
3. 「민법」 제621조에 따른 임대차등기가 말소된 경우

⑨ 금융기관등은 우선변제권을 행사하기 위하여 임차인을 대리하거나 대위하여 임대차를 해지할 수 없다.

제10조【계약갱신 요구 등】

① 임대인은 임차인이 임대차기간이 만료되기 6개월 전부터 1개월 전까지 사이에 계약갱신을 요구할 경우 정당한 사유 없이 거절하지 못한다. 다만, 다음 각 호의 어느 하나의 경우에는 그러하지 아니하다.

1. 임차인이 3기의 차임액에 해당하는 금액에 이르도록 차임을 연체한 사실이 있는 경우
2. 임차인이 거짓이나 그 밖의 부정한 방법으로 임차한 경우
3. 서로 합의하여 임대인이 임차인에게 상당한 보상을 제공한 경우
4. 임차인이 임대인의 동의없이 목적 건물의 전부 또는 일부를 전대(轉貸)한 경우
5. 임차인이 임차한 건물의 전부 또는 일부를 고의나 중대한 과실로 파손한 경우
6. 임차한 건물의 전부 또는 일부가 멸실되어 임대차의 목적을 달성하지 못할 경우
7. 임대인이 다음 각 목의 어느 하나에 해당하는 사유로 목적 건물의 전부 또는 대부분을 철거하거나 재건축하기 위하여 목적 건물의 점유를 회복할 필요가 있는 경우
   가. 임대차계약 체결 당시 공사시기 및 소요기간 등을 포함한 철거 또는 재건축 계획을 임차인에게 구체적으로 고지하고 그 계획에 따르는 경우
   나. 건물이 노후 · 훼손 또는 일부 멸실되는 등 안전사고의 우려가 있는 경우
   다. 다른 법령에 따라 철거 또는 재건축이 이루어지는 경우
8. 그 밖에 임차인이 임차인으로서의 의무를 현저히 위반하거나 임대차를 계속하기 어려운 중대한 사유가 있는 경우

② 임차인의 계약갱신요구권은 최초의 임대차기간을 포함한 전체 임대차기간이 10년을 초과하지 아니하는 범위에서만 행사할 수 있다.

③ 갱신되는 임대차는 전 임대차와 동일한 조건으로 다시 계약된 것으로 본다.

다만, 차임과 보증금은 제11조에 따른 범위에서 증감할 수 있다.

④ 임대인이 제1항의 기간 이내에 임차인에게 갱신 거절의 통지 또는 조건 변경의 통지를 하지 아니한 경우에는 그 기간이 만료된 때에 전 임대차와 동일한 조건으로 다시 임대차한 것으로 본다. 이 경우에 임대차의 존속기간은 1년으로 본다.

⑤ 제4항의 경우 임차인은 언제든지 임대인에게 계약해지의 통고를 할 수 있고, 임대인이 통고를 받은 날부터 3개월이 지나면 효력이 발생한다.

제14조【보증금 중 일정액의 보호】

① 임차인은 보증금 중 일정액을 다른 담보물권자보다 우선하여 변제받을 권리가 있다. 이 경우 임차인은 건물에 대한 경매신청의 등기 전에 제3조 제1항의 요건을 갖추어야 한다.

② 제1항의 경우에 제5조 제4항부터 제6항까지의 규정을 준용한다.

③ 제1항에 따라 우선변제를 받을 임차인 및 보증금 중 일정액의 범위와 기준은 임대건물가액(임대인 소유의 대지가액을 포함한다)의 2분의 1 범위에서 해당 지역의 경제 여건, 보증금 및 차임 등을 고려하여 제14조의 2에 따른 상가건물임대차위원회의 심의를 거쳐 대통령령으로 정한다.

3

병의원의 인수

병의원의 권리금(영업권) 지급방식

기존 병의원을 인수해서 개원하는 경우 신규 병의원을 시작하는 것보다 권리금을 지급해야 하므로 자금도 많이 필요하고 확인해야 할 것이 더 많다. 병의원을 인수하는 것과 인수받는 것 모두 세금 문제가 발생하므로 전문가인 세무사와 협의가 필요하다.

기존 병의원의 권리금(영업권)을 인수할 때 가장 중요한 것은 권리금을 얼마로 할지 기존 병의원 원장과 협의를 하는 것이다. 권리금을 세법상 계산해 볼 수 있지만 병의원의 진료과마다 권리금을 대략적으로 계산하는 방법이 있으므로 서로 권리금을 얼마로 할지 서로 협의하여 정하는 것이 일반적이다. 다만 권리금을 구하기전 몇 가지 확인하여야 한다. 첫 번째로 장부상 자산에 대한 가치를 정해야 한다. 가치를 정한다는 것은 병의원의 의료장비에 대해 가치를 평가해보는 것이다. 재무제표에는 병의원의 의료기기를 처음 구입한 후 감가상각을 한 후의 금액이 순자산가액으로 표시되어 있다. 해당 금액은 실제 의료장비의 가치라기보다는 장부상 금액에 감가상각을 반영한 계산상 금액이다. 실제 의료장비의 가치는 해당 의료장비를 중고장비로 구입할 때의 시세가 좀 더 정확할 수 있다. 중고장비의 시세가 없다면 새로운 장비를 처음 살 때의 금액에서 몇 년 사용한다면 얼마 정도일지 또는 리스로 구입을 하는 경우 잔여 리스료는 얼마인지 등을 확인하여 자산에 대한 평가가 이루어져야 한다. 두 번째는 환자의 차트에 대하여 가치를 평가해야 한다. 환자의 충성도와 병의원의 인지도에 따라 보이지 않는 영업권이 형성되어 있을텐데 사실 가치를 평가하는 것이 쉬운 일은 아니다. 이런 과정을 거쳐 인수하는 원장과 인수받는 원장간의 협의된 금액이 정확한 영업권이다.

권리금이 정해졌다면 해당 권리금을 어떻게 지급해야 하는지가 처음 해결해야 할 세금문제이다. 양수하는 원장은 권리금을 지급하였다면 해당 소득에 대한 일정부분의 세금을 양도하는 원장으로부터 받아서 국세청에 지급을 하여야 한다. 권리금의 양도는 기타소득으로 과세되는데 60%는 필요경비로 권리금에서 빼고 40%만 실제 소득으로 보고 세금을 계산한다. 권리금(기타소득) 40%에 대하여 22%를 양도하는 원장으로부터 받아서 국세청에 세금을 신고하고 납부하여야 한다. 세법적 용어로 기타소득에 대한 원천징수 세금을 신고 및 납부하는 것인데 결과적으로 세금만큼 대금을 덜 주고 갖고 있다가 국세청에 제출을 하는 것이다. 1억 원의 권리금을 주기로 하였다면 양수하는 원장은 1억 원의 60%인 6천만원을 제외한 4천만 원에 대한 22%인 8백8십만 원을 원천징수하여 세금을 신고하고 납부하여야 한다. 그래서 권리금(영업권)이 1억 원인 경우 1억 원에서 8백8십만 원을 차감한 9천1백2십만 원만 지급하고 8백8십만 원을 국세청에 납부를 하여야 한다. 해당 세금은 양도하는 원장의 세금이지만 세금을 신고하고 납부하는 것은 양수하는 원장이고 만약 해당 세금을 신고하지 않았다면 추후 원천징수하지 않은 것에 대하여 추가적인 세금이 발생할 수 있다.

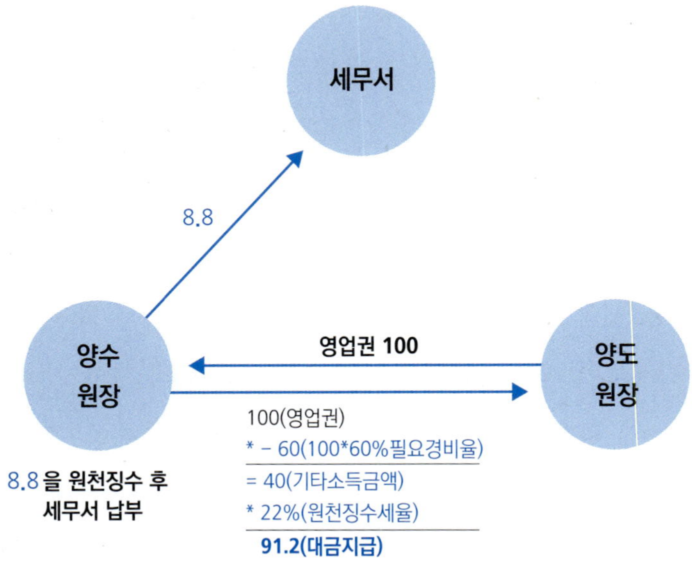

양수도계약서 작성하는 방법

기존 병의원을 인수하는 경우 양도하는 원장과 양수하는 원장 간 계약서를 작성해야 한다. 계약서는 계약의 당사자 간의 의사표시에 따른 법률행위인 계약내용을 문서화한 것으로 당사자 사이의 권리와 의무 등 법률관계를 규율하고 의사표시 내용을 항목별로 구분한 후, 구체적으로 명시하여 어떠한 법률행위를 어떻게 하려고 하는지 등의 내용을 특정한 문서로 볼 수 있다. 계약서의 작성은 미래 계약에 관한 분쟁 발생 시 중요한 증빙자료가 된다.[4)]

계약서에 빠지지 않고 꼭 들어가야 하는 내용은 양수도 가액 및 조건, 시설장치와 의료장비 리스트 및 금액, 간호사 등 인력 인수 여부, 환자차트 인수 및 방법, 양수도 이후 근처에서 다시 개업하지 못하는 조건 등이 있다. 양수하는 원장의 입장에서 시설장치와 의료장비 리스트 및 금액은 새로운 장부에 자산 취득가액을 입증하는데 사용할 수 있으므로 꼼꼼하게 작성해야 한다. 만약 인수금액이 시설장치 및 의료장비 인수가액과 동일하다면 권리금이 없지만 시설장치 및 의료장비 인수금액보다 크다면 권리금을 계산하여 세금신고를 하여야 한다. 계약서상 자산을 차감한 금액이 커서 권리금이 발생한다면 앞서 말한 원천징수를 하여 세금을 신고해야 한다. 한 가지 더 확인해야 할 사항은 매도하는 원장의 입장에서 시설장치 및 의료장비 등에 대한 사업용자산을 매매할 때 자산의 처분이익이 발생한다면 해당 이익에 대하여 과세되므로 주의하여야 한다. 직원을 인수하는 경우도 많은데 직원의 급여를 재계약할지와 퇴직금 정산을 하고 인수할지에 대하여 협의 후 계약서에 작성해 두어야 한다.

4) 네이버 지식백과 계약서 [contract, 契約書]

4

의료장비는 일시불 or 리스나 할부?

개원을 하면 초기에 인테리어 공사에 많은 금액이 들어간다. 인테리어를 마친 후 자금 사정으로 고가의 의료장비를 일시불로 구입하기 보다 리스나 할부로 구입을 많이 한다.

세금적으로 일시불보다 리스나 할부가 절세효과가 더 크다고 오해하는 경우가 있는데 꼭 그렇지는 않다. 일시불, 리스, 할부 어떤 방법으로 사던지 사업용자산에 대한 비용처리는 모두 가능하므로 세금측면에서 일시불이 불리하고 리스나 할부가 유리한 것은 아니다. 리스나 할부가 절세효과가 큰 이유는 리스나 할부 이자를 추가로 비용처리하기 때문에 세금이 줄어드는 것이지 리스나 할부가 일시불에 비해 세금적으로 특별히 세금이 더 감면되는 것은 아니다.

일시불과 리스, 할부의 경우 자산에 반영하는 방법과 비용처리하는 방법은 차이가 있다. 일시불로 사는 경우 의료장비를 자산으로 처리한 후 약 5년에 걸쳐 감가상각하여 비용처리를 한다. 리스나 할부료는 해당 이자비용에 대하여 비용처리를 하므로 리스기간이나 할부기간에 따라 비용처리하는 기간이 정해진다. 리스나 할부에 비하여 일시불로 구입하는 경우의 장점은 비용처리를 하는 기간을 임의로 정할 수 있다는 것이다. 일시불의 경우 감가상각을 통하여 손익계산서에 비용을 인식하는데 초기 개원시 수익률이 낮은 기간에는 감가상각을 하지 않고 2년이나 3년이 지나고 수익이 안정되는 경우 감가상각비를 비용처리 할 수 있어 비용처리를 언제할지 선택할 수 있다.

5

사업자등록 신청 전 비용들은 인정받을 수 있을까?

개인사업자에게 적용하는 소득세법에서 수입을 총수입금액이라고 하고 비용을 필요경비라고 한다. 소득세법상 필요경비는 총수입금액에 대응되는 비용으로 일반적이고 용인되는 통상적인 것의 합계액을 말한다. 사업자등록증이 나오기 전에 개원을 위하여 여러 가지 비용이 든다. 간호사나 간호조무사를 뽑기 위해 커피전문점에서 마신 커피값, 의료기관 개설신고 등을 위한 비용, 진료 시작 전 노트북 구입, 부동산을 임차하면서 지급한 중개 수수료, 법무사 비용 등 여러 가지 비용을 지출할 수 있는데 사업자등록증이 없어 비용을 인정받을 수 없다고 생각한다. 세법에서 사업을 개시하기 전이라도 개원 준비과정에서 사업과 관련하여 발생한 비용은 개업일 이후 사업연도에 대응하는 비용으로 인정하므로 필요경비로 인정받을 수 있다. 비용으로 인정받기 위해서 해당 비용이 사용과 관련된 비용이라는 것을 입증해야 하는데 신용카드영수증, 현금영수증, 세금계산서, 견적서 등 증빙을 갖고 있어야 한다.

6

의료기관 개설신고 vs. 사업자등록신청

개원을 하면 임차할 병원을 제일 먼저 정하고 인테리어 업체를 선정한다. 인테리어가 3주에서 1달 많게는 2달 정도 소요되므로 그 사이 여러 가지 행정적인 일을 병행해야 한다. 병의원을 개원하기 위해서는 의료기관 개설신고와 사업자등록을 하여야 하는데 순서가 정해져 있는 것은 아니다.

의료기관 개설신고는 병의원을 개원하는 지역의 보건소에서 한다. 의료기관 개설신고시 필요서류는 의료기관개설신고서, 의사면허증, 전문의자격증, 의료인 면허증사본, 건물 평면도, 의료 보수표 등이고 엑스레이(진단용 방사선 발생 장치)가 있는 경우 추가적인 서류가 필요하다. 서류는 보건소 홈페이지에서 다운받을 수 있으니 사전에 준비하면 신청하는 것은 어렵지 않다. 그런데 의료기관 개설신고를 할 때 고용하는 간호사나 간호조무사, 치위생사 등 의료인 면허증 사본을 첨부하여야 하므로 미리 간호사나 간호조무사 등을 면접을 보고 채용하여야 한다. 개원전 면접을 보고 개원진료에 맞춰 채용하기로 양해를 구한 후 채용한다.

사업자등록신고는 병의원을 개원하는 지역의 동네 세무서에 한다. 다른 지역 세무서에 사업자등록신고를 접수할 수 있지만 개원하는 지역의 세무서로 이관되어 처리되므로 병의원이 있는 관할 세무서에 하는 것이 좀 더 빠르다. 홈택스로도 사업자등록신청이 가능한데 임대차계약서 등 첨부서류는 스캔해서 업로드 할 수 있다. 보통 사업자등록증을 신청하면 처리기간이 2일 정도이지만 개원사실 확인을 위하여 며칠 더 걸릴 수 있다. 인테리어가 완료되면 병의원의 사업자등록번호로 세금계산서를 받아야 하거나 신용카드 단말기를 설치할 때 혹은 사업자로 대출을 받아야 하는 경우 등 개원을 준비하는 시점에 사업자등록증이 필요하다.

그런데 사업자등록신청을 할 때 병의원의 경우 의료기관 개설신고필증를 첨부해 제출하라고 한다. 의료기관 개설신고필증은 병의원의 의료기기가 대부분 설치되어야 하고 인테리어가 완료되는 시점에 발급이 되므로 사업자등록을 신청하는 시점에 받기가 쉽지 않다. 실무상 의료기관 개설신고가 완료되지 않았다면 보건소에서 받은 의료기관 개설신고 접수증을 제출할 것을 요구한다. 의료기관 개설신고를 하기 위하여 간호사나 간호조무사를 채용해야 하는데 구직 공고를 올리는 사이트에 사업자등록증을 요구하므로 의료기관 개설신고 접수를 하기도 전에 사업자등록증이 먼저 필요한 경우가 많다.

사업자등록을 하기 위해서는 의료기관 개설신고를 하여야 하지만 사정상 어렵다면 사업자등록신청서와 기타 첨부 서류를 제출한 후 관할 국세청의 담당 공무원에게 사실을 확인 등의 절차를 거쳐 사업자등록증을 발급하는 경우도 있다. 개원초기 전문가인 세무사의 도움을 받는다면 사업자등록신청을 수월하게 할 수 있을 것이다.

요양기관 개설신고와 카드단말기 신청

요양기관 개설신고는 건강보험심사평가원(심평원)에서 한다. 요양기관 개설신고는 인터넷으로 신청이 가능하며 의료장비별 세부내역표와 장비구입 증빙을 첨부하여 제출하여야 한다. 만약 엑스레이(방사선장비)가 있다면 보건소에서 받은 신고필증을 함께 첨부하여야 한다.

카드단말기는 환자가 진료비를 결제할 때 신용카드로 하는 경우 필요하기 때문에 개원과 동시에 비치해 놓아야 한다. 카드단말기를 신청하기 위해서는 사업자등록증 사본, 의료기관 개설신고필증 사본, 의사 면허증, 신분증, 사업용 통장 사본 등이 필요하다. 카드단말기는 신청 후 2일에서 5일 정도 소요가 되므로 개원전 미리 신청을 하여야 한다. 참고로 병의원의 경우 현금영수증 의무발행 가맹점으로 등록하여야 하는데 만약 가입하지 않으면 가입하지 않은 기간의 수입금액에 1% 가산세가 부과될 수 있어 주의하여야 한다. 신용카드 단말기를 사용하는 경우 현금영수증 가맹점으로 가입이 가능하니 자연스럽게 가맹의무를 지킬 수 있다.

Part 07 공동개원

1

공동개원을 고려한다면

공동개원형식으로 병원을 개원할까 고민을 한다. 병원자리를 찾기도 힘든 것 같고 단독으로 개원하는 것보다 병의원의 규모도 크게 시작할 수 있어 고려할 만하다. 동업을 한다고 하면 대부분 말릴 것이다. 아무리 좋은 사이더라도 일로 시작하면 서로 양보해야 하는 부분이 많을 수 있기 때문이다. 최근에는 진료과에 따라 다르지만 두 명이서 개원하지 않고 세 명 이상 모여 고가의 의료장비도 구입하고 병원의 규모를 크게 시작하는 경우도 많다.

친한 사이로 시작한 공동개원이더라도 공적인 부분은 철저하게 준비하고 시작해야 한다. 아무리 철저하게 시작하더라도 병의원을 운영하다보면 여러 가지 해결해야 할 문제가 생기므로 형식을 갖추고 서로 협의를 통해 운영하는 것이 공동으로 개원한 병원을 장기간 그리고 크게 만들 수 있는 방법이다.

형식적으로 확인해야 할 부분은 법적인 부분 및 수입과 비용을 나누는 것이다. 동업계약서를 작성하여 개원 전 정할 수 있는 형식적인 사항을 정하고 사인해두어야 하고 수입과 비용을 어떻게 나눌지, 세금은 어떻게 계산하고 어떻게 배분해서 낼지, 추가로 원장을 충원하거나 탈퇴할 때 어떠한 절차를 거칠지, 자금에 대한 의사결정, 간호사 등 직원 채용문제를 확인해야 한다.

2

공동개원 형식 정하기
(사업자등록과 사업용 계좌)

동일한 공간에서 별도 분리없이 공동개원을 한다면 하나의 사업자에 공동사업자로 사업자등록을 해야 한다. 일반적인 공동개원의 형태이다. 원장별로 진료실만 분리하고 의료기기 등 공유공간은 같이 쓰고 간호사도 함께 뽑는다.[5)]

5) 같은 층을 쓰더라도 공간적으로 분리는 되어있는 경우 상호만 동일한 형태로 공동으로 개원을 한다면 원장별로 사업자를 별도로 낼 수 있다. 이 경우에는 단독개원과 동일하게 관리하고 광고비용 등 공동사용 비용만 관리할 수 있다. 하지만 보건소에서 동일상호로 의료기관개설신고를 허용하지 않아 실무상 불가능하다.

공동사업자로 시작하기 전에 동업계약서를 작성해야 한다. 인간적인 친분이 좋더라도 돈을 정리하고 법적인 문제를 정해야 하므로 동업계약서를 사전에 작성하여야 한다. 공동사업자등록증을 신청할 때 동업계약서를 제출하여야 하므로 기왕에 작성하는 것 제대로 써두는 것이 좋다. 계약서를 통해 법적으로 해결하기 보다 개원을 하기 전에 민감한 사항을 미리 정해두는 것이라고 생각해도 좋다.

공동으로 사업자를 등록하기 위해서 지분, 손익분배비율, 대표공동사업자 등 필요사항이 기재된 동업계약서를 세무서에 제출하여야 한다. 만약 손익분배비율 등이 변경되는 경우에는 세무서에 추가로 변경신고를 하여야 한다.

공동으로 개원하는 경우 공동병의원을 하나의 사업자로 장부를 작성하고 세금신고를 하여야 한다. 공동병의원에 사용하는 사업용계좌도 신고하여야 한다. 최종적으로 공동사업자별로 각자 종합소득세를 신고하지만 공동사업에 대한 사업용계좌를 신고한 경우 공동사업자 모두 사업용계좌가 신고된 것으로 본다. 해당 공동병의원에 다수의 사업용계좌를 신고하고 사용할 수 있으므로 공용계좌를 사용하거나 각각의 원장명의 계좌를 등록하여 사용할 수도 있다.

단독병의원을 운영하다가 공동사업으로 변경하는 경우

단독으로 병의원을 운영하다가 다른 원장과 합류하여 공동병의원으로 하는 경우 단독으로 하던 병의원을 폐업하고 공동으로 새로 사업자를 할지 혹은 단독병의원의 사업자를 정정하여 공동으로 할지 고려할 수 있다. 두 가지 모두 가능하지만 기존에 해왔던 병원 진료의 공백을 최소화하기 위해서는 단독 병원의 사업자를 공동으로 변경하여 계속 병의원을 운영하는 것도 좋다.

단독병의원은 공동사업으로 변경한 날의 전 날에 폐업한 것으로 간주해서 소득금액을 계산하고 공동병의원으로 사업자를 변경한 이후에는 손익분배 비율에 맞게 순수입(소득금액)을 계산한다. 단독병원에서 공동병의원으로 바꾼 해에는 원장의 단독병의원 소득과 공동병의원에서 분배받은 소득을 합하여 종합소득세 신고를 하여야 한다. 참고로 세무사 사무실에서 병의원 재무제표는 단독병의원과 공동병의원을 나누어 만든다.

3

동업계약서에 들어가야 하는 내용들

동업계약서에는 어떤 사항이 들어가야 할까? 매매를 하거나 권리관계가 이동되는 계약서는 아니기 때문에 상호 간에 작성하는 계약서에 꼭 들어가야 하는 내용은 없다. 최소한 수입과 비용을 배분하고 정산하는 방법, 세금을 내고 순수입을 배분할지 혹은 순수입을 각자 배분하고 세금을 낼지, 직무에 대한 범위, 인사관리 및 채용, 단독으로 개원하다가 공동으로 합쳐서 새롭게 개원하는 경우 단독 병원의 영업권 가치 평가 문제, 계약의 해지와 탈퇴 및 원상 회복, 손해배상에 대한 내용 등이다. 계약서 작성 후 변호사에게 검토를 받고 공증까지 받아놓으면 계약서 작성에 대한 추후의 예상치 못한 문제는 해결할 수 있다.

수입과 비용의 배분 및 지분비율 정하기

공동개원을 하는 이유는 단독으로 개원하는 것보다 시너지를 얻어 돈을 많이 벌기 위해서일 것이다. 벌어들인 돈을 어떻게 나눌지가 계약서에 첫 번째로 적어두어야 할 사항이다. 수입과 비용에 대한 지분비율은 정하는 것인데 5:5, 7:3, 1/3씩 등 원장들 간 협의로 정하면 된다. 최초 자본금과 현물 등 투자한 금액을 기준으로 배분을 하거나 원장의 명성이나 평판이 특출나는 경우 비율을 더 가져가기도 한다. 초기 투자금을 부담하기 어려워 개원 후 진료로 제공하는 경우에는 지분비율에 대한 상호 간 협의가 더욱 중요하다. 계약서에는 지분비율로 작성을 해두어야 한다.

손익분배비율을 정하기

지분비율에 따라 수입과 비용을 나누면 따로 손익분배에 대해 비율을 정할 필요가 없지만 진료시간이나 잔업을 따로 맡게 될 경우 지분비율과 달리 비용을 부담하기로 할 수 있다. 수입과 비용을 전액 배분하지 않고 일정 부분 배분하여 향후 투자를 대비할 수도 있다.

손익분배를 정할 때 세금에 대한 사항도 정리해야 한다. 수입에 대한 비율을 정하고 비용에 대한 부분까지 협의가 된다면 병의원의 순수입을 계산할 수 있다. 종합소득세는 개인별로 합산하여 세금을 계산하여야 하기 때문에 공동사업자의 경우 병의원의 순수입에서 지분별로 원장별 순수입을 나누어 배분 후 각자 종합소득세를 신고하고 납부한다. 기타 사업소득세 등 기타 세금은 공동 비용으로 부담하기로 미리 정해야 한다.

마케팅 등 진료 외 업무분장

병의원의 홍보나 세무관련, 인사관련하여 업무를 나누어야 한다. 마케팅 업체를 섭외해서 맡기더라도 마케팅 업체와 홍보방안 협의, 세무사와 병의원 세금 확인, 간호사 채용 등에 대한 진료이외의 업무가 필요하다. 공동 원장 모두 참여하여 의사결정해야 하지만 예상되는 업무를 미리 정해두는 것이 좋다.

탈퇴 등 배상문제

공동개원을 하다 탈퇴를 하는 경우 정산 문제 또는 손해가 발생할 때 배상 문제를 정해두었어야 한다. 탈퇴 후 병의원의 상호사용에 대한 문제도 미리 정해 두는 것이 좋다. 공동병원을 개별 원장끼리 양도하는 경우 영업권 계산 및 정산 문제도 정해두는 것이 좋다. 의료사고 등에 대비하여 환자의 손해배상에 대한 자금을 외부로 적립한다거나 보험을 가입하는 등의 규정도 생각해볼 수 있다.

4

공동사업과 관련된 세무처리

공동병의원과 관련하여 발생한 수입금액과 비용은 단독 병원의 일반적인 수입과 비용과 같지만 한도가 있는 기업업무추진비(접대비) 등 몇 가지는 비용을 처리하는 방법이 달라 알아두어야 한다.

기업업무추진비(접대비)

기업업무추진비(접대비)는 연간 한도가 있는데 공동병의원의 경우 원장별로 기업업무추진비(접대비)를 인정해주는지 혹은 공동병의원당 한도를 계산하는지 문제가 된다. 공동병의원이라는 사업을 하나로 운영하고 있지만 원장은 2명 혹은 3명이고 수입금액도 합해져서 커지므로 인원수 한도를 합하여 적용해야 할 것 같다. 하지만 세법에서는 공동병의원을 하나로 봐서 기업업무추진비(접대비)를 계산하여 연간 3천6백만 원에 수입금액에 비례한 한도를 계산한다. 원장이 2명이라도 연간 3천6백만 원에 수입금액 비례금액을 한도로 기업업무추진비(접대비) 비용처리 한다.

기부금 등

기부금도 기업업무추진비(접대비)처럼 한도가 있는데 개인적으로 기부한 원장의 비용으로만 인정받으려면 수입금액을 분배한 후에 기부금을 차감해야 하는 문제가 생긴다. 원장A가 법정기부단체에 기부한 금액을 공동병원의 비용에서 차감한다면 A가 기부한 기부금에 대한 절세금액이 다른 원장의 세금에서도 나누어 빠지게 된다.

원장A의 기부금으로만 비용처리 하면 좋겠지만 세법에서는 공동사업장의 기부금으로 보아 비용처리를 한다. 즉 구원성이 기부한 금액을 공동병원의 기부금으로 비용처리(필요경비산입)하는 것이다.

공동사업장 성실신고확인여부 판단

병의원의 경우 수입금액 5억 이상이면 성실신고확인대상으로 종합소득세를 신고하여야 한다. 원장 4명이서 AB병원을 개원을 해서 첫해 공동병의원의 수입금액이 12억 원이라면 성실신고로확인대상일까? 공동병의원의 수입금액을 기준으로 하면 5억을 훨씬 넘으니 성실신고확인대상이지만 원장 4명으로 수입금액을 나누면 3억 원으로 성실신고 기준에 못 미친다.

공동병의원의 경우 해당 병원을 하나로 보아 성실신고확인대상인지 판단을 하도록 되어 있어 공동병의원의 수입금액이 5억 원이 넘는 경우 성실신고확인대상이므로 AB병원은 성실신고확인신고대상이다.

종합소득세 신고

공동병의원에 대한 순수입(소득금액계산)을 계산하는 방법은 공동병의원을 하나의 사업자(거주자)로 보아 공동병의원의 수입금액에서 비용을 빼서 계산을 한다. 공동병원의 재무제표는 손익계산서, 재무상태표와 그 부속서류 및 조정계산서 등에 공동사업자별 분배명세서를 신고하고 납부하여야 한다. 구성원별로 재무제표를 제출하는 것은 아니고 공동사업자의 재무제표를 하나로 제출한다.

재무제표 작성 후 공동병의원의 순수입을 동업계약서에서 정한 지분과 손익분배 비율에 의해 분배하여 각자 원장의 병의원의 사업소득금액을 계산하고 다른 소득과 합산하여 종합소득세를 신고하고 납부한다.

5

공동개원 자금을 차입하여 조달하는 경우
(이자비용처리 주의사항)

공동으로 병의원을 개원하기 위해 제일 먼저 할 것은 초기자금을 조달할 지에 대해 정하는 것이다. 대학동기였던 김원장, 이원장, 박원장 3명이서 ABC병원을 공동으로 개원하기로 했고 임차할 곳의 전세금과 의료기기 구입을 위해 초기 6억 원정도 들 것으로 예상하였다. 각자 2억 원씩 출자를 하여 6억 원을 마련하기로 하였다. 총 6억 원의 초기자금 출자금을 마련하면서 김원장, 이원장, 박원장 모두 1억 원은 대출을 받고 1억 원은 페이닥터를 하면서 모와놨던 돈을 사용할 예정이다. 결국 공동사업을 시작하기 위해 출자한 6억 중 3억 원은 대출을 받아서 충당을 하였으므로 공동병의원의 이자비용으로 처리하여 비용처리를 하기로 하였다. 대출이자를 비용으로 처리하면 세금을 줄일 수 있다고 알고 있기 때문에 크게 걱정되지 않았다.

공동병의원의 경우 대출금에 대한 이자는 한 가지 더 생각해야 할 문제가 있다. 위에 든 예처럼 공동병의원 ABC병원에 출자하기 위해 대출을 받은 이자는 병의원의 진료와는 관계없다고 판단되면 비용처리를 하지 않을 수 있다. 공동병의원이라는 병원을 시작하기 위한 출자금은 공동사업 구성원 간에 정한 동업계약의 내용 및 출자금이고, 진료관련 자금에 대한 경비가 아닌 출자금의 조달을 위한 자금의 이자로 보기 때문이다.

비교하자면 공동병의원을 운영하던 중 고가의 의료기기를 구입하기 위해 공동병의원에서 1억 원의 대출을 받은 것에 대한 이자는 사업과 관련된 자산구입에 사용하였으므로 이자비용을 처리할 수 있다.

결국 공동병의원을 설립할 때 출자하기 위하여 차입한 차입금에 대한 이자는 공동병의원의 비용으로 처리할 수 없고, 설립이후 출자를 위한 차입금 이외 공동병의원을 위한 대출에 대한 이자는 비용으로 처리할 수 있다.

출자금에 대한 차입금이 아니기 위한 요건들

솔직히 대출을 받는 시간적인 차이만 있을 뿐 출자목적인지 사업목적인지 구분하는 것이 피부에 와닿지 않는다. 하지만 세법 논리상 사업과 관련된 비용만을 수입에서 차감할 수 있으므로 공동병의원 개원초기 차입이 출자를 위한 것인지 사업을 위한 것인지 확인해야 한다. 출자금에 대한 차입금이 아니라는 것을 원장이 입증을 해야 하는데 몇 가지 요건을 맞춰야 한다.

국세청에서 차입금이 출자를 위한 것인지 사업과 관련된 것인지에 대해서는 동업계약서의 내용 및 실제 사용 내역 등에 따라 판단을 한다. 그래서 동업계약서와 사용내역을 미리 준비해야 하는데 동업계약서에는 최소한의 출자금을 명시하고 사업을 우선 시작한 후 나머지 부족분을 차입하여 조달하여야 한다. ABC병원의 경우 임대 보증금이 1억 정도 예상이 된다면 대출을 받지 않고 우선 최소 자본금 1억 원으로 시작한 후 사업자 등록 후 의료기기 등의 자금을 조달하는 방법을 세워야 한다.

출자금 또한 동일한 지분비율로 하여야 하므로 김원장, 이원장, 박원장이 동일하게 출자하고 차입도 동일하게 하는 것이 좋다. 또한 대출의 원금 상환일정 또한 동일하게 맞춰두면 좋다. 차입금에 대한 이자를 공동병의원의 비용으로 처리하고 손익분배 시 이자를 공제한 후의 이익을 분배할 것을 약정하고 그에 따라 집행도 하여야 한다. 해당 지급이자는 공동병의원의 사업용계좌인 공동계좌에서 지급되어야 한다. 재무제표에는 출자금과 차입금을 명확하게 구분하고 이자를 손익계산서에 반드시 반영하여야 한다. 사실판단사항이 중요하므로 공동병의원 개원 전에 세무사의 도움이 꼭 필요하다.

6

가족의사끼리의 개원을 공동병의원으로 하는 것이 좋을까?

의사부부 혹은 형제, 자매, 남매간 의사인 경우 같은 진료과 혹은 개원이 가능한 진료과인 경우 공동개원을 할지 혹은 단독 개원 후 페이닥터 형식으로 할지 고려해볼 수 있다.

특수관계자와 공동병의원에 대한 손익분배 배제 가능

단독으로 할지 공동으로 할지에 따라 사업자 등록 및 세금계산이 달라진다. 공동 병의원을 한다면 공동계약서 작성 및 세금계산은 동일하게 하면 된다. 특수관계자와의 공동병의원의 경우 원칙적으로 동업계약서에 약정된 손익분배비율을 기준으로 과세하고 있지만, 명의분산 등 조세회피목적으로 공동병의원을 운영하는 것으로 판단이 되면 손익분배비율이 가장 큰 공동사업자의 소득으로 보고 손익분배비율이 동일한 경우 종합소득금액이 가장 많은 자의 소득으로 보게 되어 있다. 각자의 세금으로 계산하지 않고 합산하여 세금을 다시 계산하는 것이다. 실질상 단독개원하여 운영하고 있음에도 불구하고 특수관계인의 명의만 빌리고 진료를 하지 않아 세금만을 줄일 목적이었다면 세금을 다시 계산하는 것이다. 세율이 단계별로 오르기 때문에 단독으로 세금을 계산하였다면 고율의 세율을 적용받지만 명의를 분산한다면 세율이 낮아지고 결과적으로 세금을 부당하게 줄였다고 생각한다. 물론 특수관계자라도 실제 진료를 하고 공동병의원의 형태가 맞다면 원칙적으로 손익분배비율대로 세금을 계산한다.

특수관계자는 거주자 1명과 생계를 같이 하는 동거가족인 배우자, 직계존속 및 직계비속과 그 배우자, 형제자매와 그 배우자 등 친족을 말한다.

공동개원 혹은 페이닥터로 고용, 어느 것이 절세가 될까?

특수관계자가 모두 부부라면 개원하는 방법을 3가지로 생각해 볼 수 있다.

(1) 각각 단독개원하는 경우

(2) 공동병의원으로 함께 개원하는 경우

(3) 한 명이 단독개원하고 페이닥터로 고용하는 경우

세 가지 경우를 단순 비교할 수는 없다. 세금을 계산하기 위해서는 소득금액에 따른 세율 적용 등을 함께 고려해야 하기 때문에 실제 계산을 해보기 전에는 알 수 없다. 조건이 동일하다고 볼 때 몇 가지는 고려해 볼 수 있다.

(1)은 원장별로 수입금액과 세금이 계산되므로 어려운 것이 없다. (2)번의 경우에도 공동수입금액을 계산 후 손익분배비율로 나누어 세금을 계산하므로 세금은 동일할 수 있다. 단독개원하는 경우 5억 원이 넘지 않아 성실신고 대상이 아니지만 공동병의원의 수입금액 합계가 5억 원을 넘는 경우 성실신고확인을 받아야 한다. 기업업무추진비(접대비) 한도를 계산하는 경우 병의원의 한도 약 3천6백만 원을 병의원마다 적용받지만 공동병의원의 경우에는 공동병의원의 한도 약 3천6백만 원을 나누어 적용을 받게 되는 등 비

용처리상 불리한 점이 있을 수 있다.

(3) 페이닥터로 고용하는 경우에도 단독개원의 매출에 맞춰 페이닥터의 월급을 적정하게 정한다면 절세효과를 볼 수 있다. 페이닥터의 4대보험의 반정도를 원장이 부담하여야 하므로 4대보험의 부담이 단독개원이나 공동개원보다 더 높아질 수 있다. 반대로 재산 등으로 계산한 지역보험이 더 많다면 페이닥터로 4대보험을 납부하는 것이 더 유리할 수 있다.

세율구간에 따른 부담과 경비수준, 소득 공제 등 여러 가지 요소에 따라 유불리가 달라질 수 있다. 더욱이 특수관계자간 거래로 인해 세무조사의 위험이 높아질 수 있으므로 사전에 세무사의 조언을 받는 것이 중요하다.

통장잔고 2배 늘려주는 병의원 절세비법

Part 08

세무조사

오해인지는 모르겠지만
전문직은 항상 국세청의 집중관리 대상인 것 같다.

과거 전문직들은 근로자들에 비해 상대적으로 고수입을 벌어들이지만 현금수입을 누락하는 방법으로 세금 누락을 많이 했기 때문이였던 것 같다. 최근에 몇 년간 현금영수증제도, 전산화된 세무환경 등으로 현금수입누락은 많지 않다. 작정을 하고 탈세를 하는 것 아니면 세금을 많이 내지 않고 누락시키는 것은 어렵게 됐다.

세무사를 하면서 만난 원장님들은 진료과에 관계없이 "세무조사가 나오면 어떻게 하지?"라는 걱정을 많이 한다. 비교적 깔끔하게 장부를 관리하고 세금신고를 했다고 하더라도 세무조사에 대한 두려움은 병의원을 운영하면서 항상 갖고 있는 것 같다. 병의원을 운영하면서 항상 갖고 있는 세무조사에 대한 걱정을 잊을 수 잊게 하는 것이 세무사의 역할이다.

1

병의원의 세무조사

병의원 진료과에 따라 세금누락유형이 다르다. 그래서 국세청입장에서도 진료과마다 중점적으로 확인하는 대상이 다를 수 밖에 없다.

성형외과, 치과, 한의원, 안과 등은 다른 진료과에 비해 비보험 수입이 많아 비보험 진료비를 현금결제를 유도하여 세금을 신고하지 않는 사례가 있는지 확인한다. 확인하는 방법은 사업용계좌의 확인, 제보를 통한 사업용계좌 이외 계좌의 적발, 간호사 등 직원과 인터뷰를 통한 수입누락확인, 진료차트를 통한 비보험수입 누락여부 확인 등으로 비보험수입을 확인할 수 있다.

내과와 이비인후과의 경우에는 비보험수입에 비해 보험수입의 비율이 높으므로 허위청구에 대한 사항을 확인한다.

공통적으로 병의원의 진료차트와 처방 전 누락여부를 확인하여 수립금액이 누락된 금액이 있지 않은지 확인을 한다. 진료차트가 대부분 전산화되어 있어 컴퓨터를 통째로 백업하여 전산자료를 분석을 하며 종이차트로 따로 관리하고 있지 않은지 확인을 한다. 간호사나 직원들의 내부인들에게 확인을 병행한다.

주요 의료품 사용액으로 수입액을 추정할 수도 있다. 성형외과나 피부과의 보톡스 사용액을 역산하여 보톡스 시술건수와 대사하거나 한의원의 감초사용액을 역산하여 비보험 첩약수입과 차이가 많지 않은지 역산할 수 있다. 그 밖에 건강보조식품이나 화장품 판매누락액 등을 확인하고 부가가치세 과세대상인데 면세로 신고된 금액이 있지 않은지 확인을 한다. 큰 틀에서 혹시 맞지 않는 부분이 있는지 확인하는 수준이므로 최대한 실제와 맞게 관리된다면 크게 문제되지 않는다.

세무조사 주요검증대상

항목	주요검증대상
수입금액	- 비보험 수입금액 누락 - 건강보조식품 등 누락 - 현금결제 유도 후 수입금액 누락 - 강의료 등 수입금액 합산신고 여부 확인
주요 의약품	- 주요 의약품의 재고관리 - 의약품을 역산하여 수입금액과 차이 여부 확인
인건비	- 친인척의 가공 인건비 계상 여부
복리후생비	- 식대 등의 가사 관련 경비 과다 여부 - 병의원과 지역상 거리가 있거나 공휴일 사용에 대한 비용 검증
기업업무추진비 (접대비)	- 병의원 근처 이외 사용(원격지 여부) - 상품권 사용처 확인
차량유지비	- 비업무용승용차 경비처리 여부 - 한도 이외 금액 과다 경비처리 - 성실신고확인사업자의 경우 임직원 보험 가입 여부 - 직원 차량의 유지비 지급 확인
보험료	- 보장성, 저축성 보험의 경비처리 여부
수선비	- 비품 등 자본적 지출의 일시비용처리 여부
소모품비	- 일반 영수증 수취 및 가사 관련 경비 확인
기부금	- 지정단체 이외 단체 기부금 비용처리 여부
지급수수료	- 원천징수이행 여부 - 지급수수료 금액을 검토하여 수입금액 역산
잡손실	- 벌과금, 가산세 등의 비용처리 여부 - 가공경비 확인
지급이자	- 초과 인출금에 해당되는 지급 이자를 모두 비용처리하였는지 여부
소득세	- 소득세를 비용처리하였는지 여부

2

탈세에 대한 가산세와 처벌

착오나 실수에 의해 신고가 잘못된 경우 가산세가 있을 수 있지만 감당할 수준에서 바로잡을 수 있다. 그러나 세금을 고의로 줄이기 위한 탈세는 그에 대한 책임이 훨씬 크다. 탈세는 고의로 사실을 왜곡하는 등의 불법적인 방법으로 세금을 줄이는 것인데 세무조사에 따라 가산세와 함께 처벌까지 받을 수 있다. 병의원의 탈세 유형중 흔한 케이스는 수입금액 누락, 실물거래가 없는 가공비용 지출, 비용을 과다하게 계상, 허위계약서를 통한 비용처리, 명의 도용 등이 있다.

탈세로 인한 조세회피가 부정행위에 해당하면 납부할 세액에 가산세를 40%를 적용하여 따로 납부하여야 한다. 부정행위를 하나하나 정하여 놓은 것은 아니지만 사기 기타 부정한 행위로 보고 있다. 조세범처벌법에서 조세의 부과와 징수를 불가능하게 하거나 현저히 곤란하게 하는 적극적인 행위인지를 판단하는데 이중장부 작성, 거짓 증빙 작성 및 수취, 장부의 파기, 재산 은닉 및 은폐 등이 있다. 국세청은 탈세행위가 적극적인 경우 부정행위로 보고 있다.

세무조사 결과 포탈세액이 크거나 부정한 행위인 경우 조세범처벌법에서 2년 이하의 징역 또는 세액의 2배 이하에 상당하는 벌금을 부과할 수 있고 포탈세액이 3억 이상이고 납부하여야 할 세액의 30% 이상 포탈한 경우와 포탈세액이 5억 원 이상인 경우 3년 이하의 징역 또는 3배 이하에 상당하는 벌금을 부과할 수 있을 만큼 무서운 결과가 뒤따를 수 있다.

절세를 위한 관리는 할 수 있지만 탈세를 통해 세금을 줄이는 것은 상당히 위험한 일이다. 특이한 거래 또는 고액의 진료비, 특수관계자와 거래 등은 사전에 세무사와 검토하여야 한다.

3

수정신고 안내문, 과세자료 해명 안내문을 받은 경우 대처법

국세청에서는 사후검증 안내문 등을 발송하여 세무검증을 하고 있다. 국세청은 전산분석을 통하여 세금의 누락이 추정되는 경우 수정신고안내문을 발송하여 원장에게 추가 자료를 요청하거나 소명이 필요한 경우 과세자료 해명요구서 등을 발송한다. 해명이 잘 되지 않는 경우나 수정신고가 이루어지지 않으면 현장확인이나 세무조사로 이어질 수 있으니 대처를 잘 해야 한다.

5월 혹은 6월 종합소득세를 신고하기 전 성실신고안내를 위한 확정신고 안내문을 홈택스에서 확인할 수 있다. 종합소득세를 신고하기 전 당부하는 안내문의 성격으로 개별 병의원의 사전전산분석 내용을 미리 알려준다. 동종업계 평균에 미달하는 수익률이나 친인척 근무사항 등 특이사항을 미리 알려주어 신고에 오류가 없게 주의할 수 있도록 해준다.

과세자료 해명, 자료제출안내문은 원장이 신고한 과세자료에 대한 추가 해명자료가 필요한 경우 발송한다. 보통 신고한 내역과 다른 부분이 있거나 제보가 있는 경우 자료제출 안내를 받게 되는데 해명이 없거나 잘못된 부분에 대한 수정이 없으면 세무조사로 연결될 수 있다. 주로 사실판단 등에 대한 사항이므로 담당 세무사와 협의하여 자료제출을 하여야 한다.

4

국세청이 사후검증 및 소명요구를 분석하는 방법

첫째, 국세청의 PCI 분석(소득-지출 연계분석, Property, Consumption and Income Analysis System)을 하니 차이 금액이 1억 이상 나고 적격증빙미수취 혐의 금액이 1억 원 이상 되는 사업자로서 수입금액이 일정 부분 이상 되는 병의원을 대상으로 사후검증 및 소명요구를 할 수 있다. 소득에 비해 지출이 1억 원 이상 많고 병의원 순수입을 계산할 때 세금계산서나 신용카드 등 매입 증빙 금액보다 1억 원 이상 비용처리를 많이 한 것으로 의심이 되면 검증이 필요하다고 생각하는 것이다. 두 가지 경우에 모두 해당된다고 바로 세무조사를 하는 것은 아니다. 병의원의 경우 대부분 성실신고 사업자이고 국세청 입장에서 전문직이어서 주의 대상이지만 일반 법인에 비해 큰 규모의 조사대상은 아니기 때문이다. 보통의 경우에는 이상한 점에 대하여 소명할 기회를 준다. 국세청이 파악한 적격증빙수취금액과 세금신고한 비용처리한 금액의 차이가 1억 원 이상 차이 나는 것으로 분석되므로 해당 사항에 대하여 병의원에 먼저 이유가 있는지 소명의 기회를 준다. 가공경비 등을 통하여 비용처리가 과도하게 되었다면 사업소득을 다시 수정신고하여 세금을 납부하여야 한다. 병의원의 원장이 직접 소명을 하는 경우도 있지만 담당하는 세무사가 국세청의 소명 요청에 대해 대리하여 대응을 한다.

둘째, 국세청의 전산분석 이외 관할세무서의 소득세과에서 직접 분석하거나 탈세제보를 받아 불성실 혐의가 있는 병의원의 경우 신고내용을 검토하여 소명을 요청할 수도 있다. 탈세제보의 경우는 대부분 수입 누락의 경우가 많으며 차명계좌를 통하여 수입 누락을 하였다면 해당 계좌에 대한 수입 누락 여부를 소명하여야 한다.

국세청에서 분석한 것과 관할세무서 소득세과에서 분석한 것 모두 관할 국세청의 소득세과 담당자가 사후검증에 대한 소명 및 수정신고 업무를 한다. 소명은 정식 세무조사에 비해 검증하는 대상이나 연도가 작지만 세무조사와 비슷한 절차를 거치게 된다. 이때 세무사의 역량이 발휘되는 것이다. 소명에 대한 세법적 지식과 세무조사관을 설득하여야 하기 때문이다. 소명절차가 마무리되면 일반적인 경우 잘못된 부분에 대한 수정신고를 담당 공무원에게 제출하고 세금까지 납부하면 종결하게 된다.

세무사가 사후검증이나 수정신고 업무는 경험이 있지만 정식 세무조사를 대응해본 세무사가 생각보다 많지 않다. 세무사의 기장거래처에 따라 세무조사를 대응할 정도의 거래처를 기장하지 않을 수 있기 때문이다. 담당 세무사가 사후검증이나 세무조사를 조금이라도 두려워한다면 빠른 판단이 필요할 수 있다.

사후검증 대상에 통보를 받았음에도 불구하고 세무사가 우선 버텨보자는 식으로 국세청에 대응을 하지 않는다면 국세청은 더 이상하게 생각할 수 있다. 담당 세무조사관 입장에서는 해당 사후검증 업무를 마무리할 수 없으면 최악으로 세무조사가 진행될 수 있다.

5

사후검증 대상자 선정

관할 국세청 세무공무원이 사후검증 대상자를 선정할 때 정해진 규칙이 있는 것은 아니다. 분석 대상을 선정을 하여야 하기 때문에 신고된 자료를 기초로 몇 가지를 검토해 본다.

(1) 병의원은 다른 업종에 비해 현금수입이 많으며 비보험 수입이 많은 진료과의 경우 누락이 있을 수 있다. 전체 수입 중 3개년의 수입금액을 확인하여 비보험 수입이 적거나 신용카드와 현금영수증 사용과 비보험 수입을 비교하여 현금수입 누락이 있지 않은지 확인한다.

(2) 차세대 국세통합시스템을 분석하여 연도별 수입의 증감과 비용의 증감을 비교하여 수입 누락이나 비용과대계상을 확인한다.

(3) 사업 초기는 검증 대상이 적을 수 있고 수입규모가 어느 정도 있어야 부인되는 금액이 많을 수 있다.

(4) 가사 경비를 필요경비로 많이 계상하므로 가사 경비를 복리후생비, 소모품비 등으로 계상하여 비율이 다른 병의원에 비해 많은지 확인한다.

(5) 신고소득률과 평균소득률의 차이를 비교하고 과거 소득률을 참고한다.

6

세무조사는 정기조사와 비정기조사로 나뉜다.

세무조사 대상으로 선정이 되면 당장 억울한 마음이 든다. 왜 나만 조사를 하는지 나보다 돈 많이 버는 병의원은 몇 년째 세무조사를 한 번도 안 받는 것 같은데 왜 나한테만 나왔는지 억울한 심정이 든다. 세무조사 대상이 되는 선정 과정과 절차 등에 대한 일반적인 사항은 조사사무 처리 규정에 규정이 되어 있지만 분명한 사유를 알려주지 않는다. 경험상 성실히 신고하는 경우 종합소득세 사전 안내에서 확인할 수 있듯이 세무조사 확률이 줄어드는 것은 사실이다. 병의원의 경우 정책적인 측면에서 나올 수도 있는데 공평과세를 위한 전문직 종사자, 상습적으로 수입을 누락하는 업종 등에 대한 조사가 강화되고 있는 추세이다. 정책적인 측면이 아니더라도 장기간 조사를 받지 않은 경우 정기조사를 실시하므로 평소 세무조사를 염두에 두고 세금을 신고하여야 한다.

세무조사는 정기조사와 비정기조사(정기 선정 외의 조사)로 나눌수 있는데 대상자 선정은 정기조사와 비정기 조사를 나누어 선정한다. 정기조사 대상자 선정은 정기적으로 신고의 적정성을 검증하기 위하여 대상을 선정하는 것이다. 구체적인 선정 사유는 병의원의 신고 내용에 대하여 과세자료나 세무 정보 등을 고려하여 성실도를 분석하여 불성실 혐의가 있다고 인정되는 경우, 4년간 세무조사를 받지 않은 병의원이 다른 병의원에 비해 신고내용이 적정한지 검증할 필요가 있는 경우, 무작위추불방식으로 표본조사를 하려는 경우가 해당된다. 가사용경비가 다른 병의원에 비해 과도하다고 판단되거나 국세청이 판단한 적격증빙 수취금액과 신고금액이 현저하게 차이나는 경우 등 분석결과 조사필요성이 있는 경우 세무조사를 실시한다.

정기선정 이외 비정기조사 사유는 성실신고확인서의 제출, 세금계산서, 지급명세서 제출 등의 의무를 소홀히 한 경우, 무자료 · 위장 · 가공거래를 한 경우, 환자나 간호사 등의 구체적인 탈세 제보, 신고내용에 탈루나 오류 혐의가 있는 명백한 자료가 있는 경우 등이 있다. 그러므로 세금신고기한이 늦지 않게 성실하게 신고하고 신용카드가맹점 가입 등의 의무를 이행하여야 한다. 사업용 계좌 개설이나 소득률 증가에 따른 위험을 확인하여야 한다. 국세의 체납이 있는 경우 국세청에서 병의원의 장부를 한 번이라도 더 체크할 수 있으므로 세금이 체납되지 않도록 주의하여야 한다.

7

성실도 분석에 의한 선정기준들

국세청에서 병의원의 정보를 상당 부분 알 수 있다. 국세청 TIS(국세종합시스템, Tax Intergrate System) 국세청통합전산망을 활용하여 여러 가지 세원정보를 수집 분석한다. 국세청 TIS로 신용카드의 수입내용 및 사용실적, 해외신용카드사용내역, 세금계산서와 POS 시스템의 수입의 비교, 세금계산서 및 신용카드를 통한 매입실적, 부동산의 취득 및 보유현황, 상속 및 증여현황, 부동산 임대 현황, 별장, 고급 주택 보유현황 등 폭넓은 자료를 활용한다.

이러한 자료를 토대로 병의원의 소득률을 진료과별, 지역별로 비교하고 소득 증가율과 수입금액 증가율을 확인한다. 수입금액에 비례한 세액부담금과 수입액대비 판매비와 관리비 비율을 확인하여 가사경비가 과도하게 반영되어 있지 않은지 검증한다.

간혹 의료장비 대여업자나 홍보대행 회사 등을 통하여 가공자료 매입을 제안받기도 한다. 실제 거래가 없음에도 불구하고 세금계산서 등의 매입만을 받아 세금을 줄이는 것인데 특별히 주의하여야 한다. 실제 거래가 없이 세금계산서만 발행하여 일정 금액을 받는 자들을 자료상이라고 하는데 자료상으로부터 매입 받은 금액이 확인되면 가산세 부담 뿐만 아니라 고발도 당할 수 있으니 매우 주의하여야 한다. 자료상들은 일반적으로 세금계산서를 팔고 일정 수수료를 받은 후 자신의 세금은 누락시키고 잠적을 하는 경우가 많은데 국세청에서 사후 적발하여 자료상과 거래한 상대방어게도 무거운 책임을 지우므로 절대로 자료상과 거래를 하면 안 된다.

8

세무조사 사전통지서를 받은 경우

세무조사를 시작하기 10일 전에 사전에 통지하도록 되어 있다. 증거인멸 등이 예상된다면 사전통지를 하지 않고 세무조사를 할 수 있다.

세무조사 사전통지서를 받은 경우 즉시 담당 세무사에게 관련 내용을 전달하여야 한다. 통지 내용을 세무사가 확인하면 원장에게 앞으로의 진행절차와 세무조사 주요 내용을 설명해준다. 통지서에는 납세자(병의원 원장), 조사대상 세목, 조세 대상과 세 기간, 조사기간, 조사 사유 등 조사에 대한 내용이 적혀 있다. 원칙적으로 같은 세목과 동일 과세기간에 대한 중복 세무조사는 금지되어 있으므로 과거 조사받은 세목이나 조사기간이 중복된 경우 세무서에 확인이 필요하다. 병의원 사업장에 대한 조사만 할 수 있지만 신고납부의무가 있는 세목을 통합한 통합조사를 실시하는 것이 일반적이다. 부동산 거래에 대한 조사 시에는 병의원의 사업장 조사는 아니고 개인 부동산에 대한 양도 및 증여에 대한 조사가 이루어진다.

조사기간은 보통 1년 혹은 2년도이지만 5년까지 조사가 가능하다. 조사기간은 연간 수입금액 100억 미만인 경우 보통 20일 이내로 이루어지며 조사 연장이나 중단 사유가 발생하는 경우 더 길어질 수 있다.

9

세무조사 트렌드

세무조사도 시대에 따라 변화하고 있다. 과거 세무조사는 현금 누락에 집중되어 있다면 최근 세무조사는 종합적이고 분석적인 경우가 많다. 비정상적 고액의 현금흐름이 포착되거나 소득에 비해 지출이 과도하게 많은 경우 세무조사 대상으로 선정될 수 있다. 과거에는 의심스러운 부분에 대하여 세무조사를 하였다면 최근에는 종합적인 세무조사를 한다는 것이다. 고액의 현금이 계좌에 입금되었다면 해당 현금에 대한 소명을 요구할 수 있지만 현금 입금과 함께 수입과 지출을 판단하여 지출이 더 많지는 않은지 병의원의 수입금액 중 누락금액이 있지 않은지에 대하여 종합적으로 조사를 할 수 있다. 이런 조사가 가능한 것은 금융정보분석원에서 의심거래보고 및 고액현금거래 자료를 제공받아 세무조사를 할 수 있기 때문이다.

FIU (Financial Intelligence Unit)는 금융정보분석원을 말하는데 금융기관은 동일 명의로 이루어지는 계좌이체 중에서 탈세 등으로 의심되는 계좌이체를 금융정보분석원에 보고한다. 과거에는 1천만 원 이상의 거래금액을 보고하였지만 금액 기준을 삭제하여 소액이라도 비정상적이거나 누적금액을 기준으로 의심되는 거래를 보고한다. 금융결제원에서 분석 후 의심거래에 대하여 국세청, 관세청, 경찰서 등에 자료를 통보한다.

10

세무조사 대처방안

세무조사의 기본 대처방안은 평소 장부 및 증빙 관리를 철저하게 하는 것이다. 절세의 기본은 빠진 증빙 없이 최대한 반영을 하는 것이다. 그리고 추가로 세금 처리할 수 있는 방법을 찾아야 한다. 수입 증가에 따라 간호사 등 직원의 추가 채용 여부, 장비 구입 등 고정비 지출에 대한 고려도 함께 하여야 한다. 다시 말하지만 궁금한 것은 언제든 담당 세무사에게 물어볼 수 있어야 한다.

세무조사나 사후검증 통지를 받았다면 담당 세무사와 긴밀하게 대응하여야 한다. 세무조사를 수임한 경험이 있는 세무사라면 세무조사 대응에 큰 무리가 없을 것이다. 자료와 세법을 토대로 세무조사 소명 계획을 짜고 대응하여야 한다. 병의원마다 대응해야 하는 세무조사는 모두 다르다. 세무사를 믿고 대응전략을 짜나간다면 만족스럽게 대응할 수 있을 것이다.

11

자금출처 조사

자금출처 조사는 재산을 취득하거나 부채를 상환할 때 직업, 나이, 수입금액, 재산 상태 등으로 보아 스스로 재산을 취득하였거나 부채를 상환했다고 보기 어려운 경우 해당 자금의 출처를 조사하는 것이다. 충분한 근거를 제시하지 못한다면 증여세를 징수한다. 자금출처조사는 대부분 증여세가 부과되는 조사이며 부동산취득 및 계좌사용내역을 확인한다.

자금취득에 대한 근거를 제시하지 못하면 증여로 추정한다. 증여추정이란 증여가 아니라는 증거를 제시하지 못한다면 증여로 보겠다는 것인데 직업, 연령, 소득, 재산상태를 근거로 자력으로 취득 및 상환했다고 보기 어려운 경우에 추정을 한다. 다만 입증되지 않은 금액이 취득재산의 20% 또는 2억 원 중 적은 금액에 미달하는 경우 증여로 추정하지 않는다.

재산 취득일 혹은 부채 상환일 전 10년 이내 주택과 기타 재산의 취득 및 상환금액 합계가 기준에 미달하는 경우 증여 추정을 적용하지 않는다.

증여 추정을 적용하지 않는 금액기준

<table>
<tr><th colspan="2" rowspan="2">구 분</th><th colspan="2">취득재산</th><th rowspan="2">채무상환</th><th rowspan="2">총액한도</th></tr>
<tr><th>주택</th><th>기타자산</th></tr>
<tr><td rowspan="2">세대주</td><td>30세 이상</td><td>1억 5천만 원</td><td>5천만 원</td><td rowspan="2">5천만 원</td><td>2억 원</td></tr>
<tr><td>40세 이상</td><td>3억 원</td><td>1억 원</td><td>4억 원</td></tr>
<tr><td rowspan="2">비세대주</td><td>30세 이상</td><td>7천만 원</td><td>5천만 원</td><td rowspan="2">5천만 원</td><td>1억 2천만 원</td></tr>
<tr><td>40세 이상</td><td>1억 5천만 원</td><td>1억 원</td><td>2억 5천만 원</td></tr>
<tr><td colspan="2">30세 미만</td><td>5천만 원</td><td>5천만 원</td><td>5천만 원</td><td>1억 원</td></tr>
</table>

최근에는 투기과열지구 내 실거래가 3억 원 이상 주택을 취득하는 경우 자금조달계획서를 제출하여야 하며 국세청에 해당 자료가 통보된다. 자금조달계획서에 증여추정에 대한 사항이 의심된다면 자금출처조사 대상자로 선정될 수 있으니 주의하여야 한다.

12

건강보험공단의 지도점검과 건강보험심사평가원의 현지조사

건강보험공단에서도 신고한 수입금액 등에 축소 또는 탈루가 있다고 인정되는 경우 국세청장에게 송부[6] 할 수 있다. 국세청에서는 해당 자료를 토대로 세무조사를 한 후 다시 건강보험공단에 송부를 하도록 되어 있다. 건강보험공단의 지도점검 시 종합소득세신고서, 원천징수이행상황신고서, 임금대장, 계정별원장 등을 요구할 수 있다. 이를 통하여 건강보험료 등 4대보험의 신고를 적정하게 하고 있는지를 판단한다.

건강보험심사평가원(심평권)에서 현지조사를 나올 수 있는데 문제점이 적발되는 경우 과징금, 업무정지, 면허정지와 같은 징계를 받을 수 있다.

6) 국민건강보험법 제95조.

Part 09

알아두면 좋은 증여세와 상속세

일을 해서 돈을 버는 목적은 무엇일까?

개인적인 목적과 생각은 다르겠지만 기본적으로 의식주를 해결하는 것이고 남들보다 좋은 집, 좋은 차를 갖기 위해서 그리고 결국에는 자녀들에게 좋은 환경을 만들어 주고 싶어서가 아닐까 싶다. 세대를 건너 재산을 물려주려면 증여나 상속의 방법을 통해야 한다. 증여와 상속의 차이는 증여는 살아있을 때 재산 등을 주는 것이고 상속은 죽은 후에 재산을 물려주는 것이다.

병의원을 운영해서 모아둔 재산의 일부를 자녀에게 물려주기 위해 증여의 방법을 알아두면 좋다. 또한 부모의 재산을 받기 위해 증여나 상속을 미리 준비해야 할 것이 있는지 알아둬야 한다. 증여와 상속은 장기간에 걸쳐 계획을 짜야 세금을 줄일 수 있다. 증여와 상속에 관해서는 아는 것이 힘이다.

병의원 세무처리를 하면서 병의원의 운영과 함께 증여와 상속에 대한 고민과 세무상담을 많이 했다. 미리 알아두면 좋은 증여와 상속에 대한 이야기를 하려고 한다.

1
증여는 미리미리

증여란 한쪽 당사자(증여자)가 대가없이 자기의 재산을 상대방(수증자)에게 주겠다는 의사를 표시하고 상대방이 이를 승낙함으로써 성립하게 되는 계약이다(민법 제554~562조). 상속이란 사람의 사망으로 인한 재산상 법률관계의 포괄적 승계를 말한다.

상속세는 사망하는 자(피상속인)가 사망으로 인한 재산을 배우자와 자녀 등(상속인)에게 이전되는 경우 납부해야 하는 세금이다. 증여세는 일방이 다른 일방에게 재산을 주거나 채무를 면제해주는 경우 이익에 해당하는 금액에 대하여 납부하는 세금이다.

증여세의 가장 기본확인사항은 증여세는 재산을 받는 자(수증자)가 내는 세금이라는 것이다. 증여를 하는 사람(증여자)이 내는 세금으로 생각하는 경우 증여세를 납부할 때 문제가 생길 수 있다. 아버지가 자녀가 개원할 때 5억 원을 주는 경우 증여세가 약 87,300,000원이 나오는데 증여세를 아버지가 낸다면 세금을 또 증여한 것으로 봐서 약 1천7백만 원의 증여세를 추가로 납부하여야 할 수 있다.[7] 증여를 위한 계획의 첫 번째는 증여세 납부를 위한 자금대책을 세우는 것이다.

국내외 모든 증여재산을 시가 등으로 평가한 금액을 기준으로 세금을 계산하는데 일정금액 이상은 증여재산공제를 해준다.

증여재산공제

(1) 배우자: 6억 원
(2) 직계존속: 5천만 원 (미성년자 2천만 원)
(3) 직계비속: 5천만 원
(4) 기타친족: 1천만 원 (기타 6촌 이내 혈족, 4촌 이내 인척)

7) 87,300,000원의 증여세를 대신 납부해준 것에 대한 증여세 약 1천7백만 원을 또 대신 납부해주면 또 증여세가 나와서 무한대로 증여세를 계산해야 될 수도 있다.

증여재산공제는 증여할 때마다 해주는 것은 아니고 10년간 증여한 누계액을 기준으로 한다. 아버지가 자녀에게 5천만 원을 증여하였다면 이후 증여에 대해서는 증여재산공제를 받을 수 없고 10년 후 다시 5천만 원을 증여할 수 있다.

증여하는 가장 기초적인 방법은 10년에 한 번씩 하는 것이다. 증여재산공제는 10년간 누계액을 말하므로 10년에 한 번씩 증여를 할 수 있으므로 미리미리 증여를 하는 것이 좋다. 자녀가 1살일 때 2천만 원을 증여하여 주식이나 정기예금에 묻어두고 다시 11살일 때 2천만 원을 증여하여 주식이나 금융상품 등에 가입해놓는다면 21살 때 5천만 원을 증여한다면 증여한 9천만 원과 주식이나 금융상품의 수입금을 자녀가 추가적인 세금 없이 갖게 되어 1억 정도의 돈을 자녀에게 물려줄 수 있다. 물론 20년 후의 1억 원이 지금의 1억과 상대적으로 다르겠지만 그 사이 주식이나 금융상품 수익이 어느 정도 커버를 할 수 있을 것이고 20년 후 증여재산공제 5천만 원도 더 늘어날 수 있는 기대를 한다면 미리 증여해서 손해보는 것은 없다.

증여세의 세율은 10%에서 50%인데 소득세와 같이 단계별로 계산을 한다. 1억 원 이하인 경우 10%, 1억 원에서 5억 원 이하 20%, 5억 원에서 10억 원 이하 30%, 10억원에서 30억원이하 40%, 30억 원 초과는 50%의 세율을 적용한다. 증여세 과세표준이 20억원이라면 20억 원에 40%를 곱한 8억 원으로 계산하는 것은 아니고 계단식으로 세율을 적용하면 6억 4천만 원의 증여세를 내야한다.

과세표준	세율 및 누진공제율
1억 원 이하	과세표준 × 10%
1억 원 초과 5억 원 이하	과세표준 × 20% - 1천만 원
5억 원 초과 10억 원 이하	과세표준 × 30% - 6천만 원
10억 원 초과 30억 원 이하	과세표준 × 40% - 1억 6천만 원
30억 원 초과	과세표준 × 50% - 4억 6천만 원

2

상속세 계산은 꼼꼼하게

상속세는 증여세에 비해 계산하는 방법이 복잡하다. 상속재산이 많지 않더라도 사망일(상속개시일)기준 10년간의 계좌를 분석할 수 있다. 상속세의 기본 구조는 사망한 자(피상속인)를 기준으로 사망일의 모든 재산과 추정재산을 모두 합한 후 여러 가지 공제를 차감한 후 세율을 적용한다. 상속세는 배우자가 있다면 10억 원까지는 세금이 나오지 않는다. 예전에는 상속세를 내는 경우가 많지는 않았는데 최근에는 주택가격이 많이 상승해서 서울에 아파트 한 채만 있어도 상속세가 나올 수 있다.

증여세와 상속세의 세율은 같지만 세금을 계산하는 구조가 확연하게 다르다. 그럼에도 불구하고 증여세와 상속세를 함께 계산하여 절세방안을 계획해야 하는데 사전증여재산가액을 고려해야 하기 때문이다. 사전증여재산이란 상속세를 계산할 때 사망자의 사망일 전 10년 이내 배우자나 자녀에게 증여한 재산가액과 5년 이내 상속인 이외자에게 증여한 재산이 있다면 상속재산에 포함하여 상속세를 계산하는 것을 말한다. 아버지가 자녀에게 개원자금 5억 원을 증여하고 증여세를 87,300,000원을 자녀가 납부하였는데 건강하시던 아버지가 8년 후 돌아가셨다면 아버지의 상속세를 계산할 때 해당 증여재산을 고려해야 한다. 아버지가 돌아가신 8년 후 사망일을 기준으로 아버지의 재산을 모두 합한 후 5억 원의 증여재산을 합하여 상속세를 계산하였더니 1억 원이 나왔다면 1억 원에서 8년 전에 이미 납부한 증여세 87,300,000원을 차감한 12,700,000원을 상속세로 납부하여야 한다. 굳이 8년이나 된 증여재산을 합한 후 8년 전에 납부했던 증여세를 차감하는 이유는 무엇일까? 이유는 세율이 계단식으로 되어 있기 때문이다. 상속재산과 8년 전 증여재산을 합하여 계산한 세금이 따로 계산한 세금보다 증가한 경우 세금을 더 내는 것이다.

증여세와 상속세는 10년을 계획하는 세금이다. 증여를 한다면 부모가 건강할 때 증여를 계획하는 것이 증여세와 상속세 모두 줄일 수 있는 방법이다.

3

증여와 상속을 위한 첫 번째 단계

상속세를 절세하기 위하여 자녀들이 계획을 세우기는 사실 곤란하다. 부모가 건강하게 살아계시는데 사망을 전제로 재산계획을 세운다는게 한국 정서상 불효를 저지른다고 생각될 수 있다. 하지만 증여와 상속은 장기계획이 필요하고 미리 하는 것이 좋으므로 몇 가지 고려하여 대비를 하는 것이 좋다.

재산의 규모를 파악하고 절세방법을 찾는다

부모의 재산규모와 종류, 채무를 파악하고 연령과 건강을 고려해야 한다. 재산별로 상속재산을 평가하는 방법이 달라 보유한 후 상속이 일어날 때 이전하는 것이 좋은지 미리 증여를 하는 것이 좋은지 검토해야 한다. 부동산도 아파트인지 근린생활빌딩인지, 토지인지에 따라 전략이 달라진다. 토지는 계속 가치가 증가하고 기준시가로 증여할 수 있으므로 미리 증여하는 것이 상속세 절세에 도움이 될 수 있다.

대략적인 재산을 파악한 후 연령 및 건강상태를 고려해봐야 한다. 상속세를 계산할 때 자녀에게 10년 이내 증여한 재산은 다시 상속재산으로 포함하여 세금을 계산하기 때문에 병원에 입원해 계시거나 연세가 많은 경우 증여는 최소한으로 하고 상속을 할 때 어떻게 대처를 할지 계획을 짜는 것이 좋다.

증여를 해야 할지 상속을 해야 할지 미리 염두해 두고 검토한다

상속개시일전 10년 이내 상속인에게 증여한 재산은 상속재산에 포함한 후 상속세를 계산하고 증여할 때 냈던 증여세를 뺀다. 이때 상속세가 더 많다면 그나마 증여한 것이 손해는 아니겠지만 상속세가 더 적어서 미리낸 증여세가 크다면 상속세를 계산하면서 예전에 많이 낸 증여세를 돌려주지는 않는다. 이런 결과가 나는 이유는 상속세를 계산할 때 증여세를 계산할 때 보다 재산에 대하여 공제를 더 많이 해주고 단계별로 세율을 적용하기 때문이다.

증여가 불리하다고 판단이 되면 상속세 재원마련을 위한 계획을 짜두는 것이 좋다. 보험을 가입하거나 월세가 높은 부동산을 먼저 증여하여 세금납부 능력을 키워 놓거나 물납을 고려해보는 것이 좋다.

4

증여세신고는 세금이 나오지 않더라도 해야 한다.

"30대 A씨는 고가 아파트를 취득하면서 자기자금 수억원을 소명하였지만 국세청에 신고한 소득에 비해 취득자금에 대한 증빙자료를 제출하지 못해 고소득자인 배우자로부터 증여받은 혐의를 받아 조사대상으로 선정되었다."

국세청에서 취득자금을 소명할 때 조사선정을 어떻게 하는지 간접적으로 알 수 있다.

10년간 증여재산공제는 배우자에게 6억 원, 자녀에게 5천만 원(미성년자 2천만 원)이 가능하다. 증여재산공제 한도 내에서 증여를 하고 신고를 하지 않아도 내야할 세금은 없기 때문에 증여공제 내의 금액을 증여한 것으로 문제가 발생하지는 않는다. 하지만 추가적인 증여가 발생하거나 취득자금을 소명하는 경우 미리 신고한 증여신고내역을 제출하여 입증할 수 있다. A씨의 경우 고가 아파트를 취득하면서 배우자에게 6억 원을 증여받아 취득하고 따로 증여세 신고를 하지 않았다고 가정해보자. 국세청은 A씨의 소득신고된 금액만을 검토할 것이고 아파트 취득자금 중 많은 금액이 소명이 되지 않아 조사대상으로 선정할 수 있다. 국세청은 아파트 취득자금 중 6억을 배우자로부터 증여를 받았는지 부모로부터 증여받았는지 알 수 없기 때문이다. 결국 불필요하게 A씨는 취득자금에 대한 국세청의 세무조사를 받아야 하는데 해당 아파트취득 뿐만 아니라 10년간 배우자 및 부모 등으로부터 증여를 받은 내역이 없는지 종합적으로 확인을 할 수 있다.

조정대상지역에서 주택을 취득하는 경우 자금조달계획서를 제출하도록 되어 있다. 재산을 취득하면서 직업, 연령, 소득 및 재산상태 등으로 보아 재산을 자력으로 취득하였다고 인정하기 어려운 경우 취득자금을 증여받은 것으로 추정하여 증여세를 과세할 수 있다.

5

부담부 증여를 이용하면 세금을 줄일 수 있을까?

B씨 부모는 소유한 15억 아파트에 전세금 9억을 받고 임대를 하고 있다. 부모가 B씨에게 해당 아파트를 증여하려고 하는데, B씨가 아파트를 부모로부터 증여를 당장 받는 대신 나중에 전세계약이 종료할 때 전세금을 자녀 B씨가 임차인에게 주기로 하였다. B씨는 전세금 9억 원을 줘야하는 채무까지 지게 되므로 실제 증여받는 것은 15억과 9억 원의 차이인 6억 원만 증여를 받는 것이다. 한 가지 더 생각해봐야 하는 것은 B씨 부모의 이익이다. B씨 부모는 아파트를 증여하면서 전세금을 갚지 않아도 되므로 9억 원의 채무가 없어진 이익이 생겼다. 그래서 B씨 부모는 9억 원과

과거 아파트를 취득한 금액과의 차이를 비율로 계산하여 양도차익이 발생하여 양도소득세를 내야 한다.

(1) B씨 부모의 아파트 15억 원을 증여받는다면 15억 원에 대한 증여세(a)를 B씨가 내면 된다. 추후 전세금은 B씨의 부모가 돌려줘야 한다.
(2) B씨 부모의 아파트를 부담부증여의 방법으로 증여를 하면 B씨는 6억 원에 대한 증여세(b)를 납부하고 B씨 부모는 9억 원 채무가 없어진 것에 대한 양도소득세(c)를 납부하게 된다.

부담부 증여를 통하여 절세를 하려면 (a)>(b)+(c)가 되어야 효과가 있다. B씨 부모가 소유한 아파트가 1채이고 1세대 1주택 비과세를 받을 수 있다면 B씨 부모의 양도소득세(c)는 없기 때문에 부담부증여를 통하여 절세를 할 수 있다. 하지만 B씨 부모가 아파트를 서울에 3채 갖고 있다면 다주택자 양도소득세가 중과되므로 부담부증여가 절세에 도움이 되지 않을 수 있으므로 계산을 해서 비교를 해야 하므로 전문 세무사의 도움이 필요하다.

부담부 증여로 인정받기 위해서는 증여일 현재 증여재산에 담보된 채무나 임대보증금이어야 하고 해당 채무가 증여자의 채무여야 한다. 채무를 증여받는 수증자가 인수하여야 하고 추후 채무를 갚아야 한다. 만약 B씨 부모가 전세계약이 종료될 때 전세금을 갚는다면 B씨는 추가로 증여세를 납부하여야 하므로 주의하여야 한다.

통장잔고 2배 늘려주는 병의원 절세비법

Part

10

알아두면 좋은 양도소득세

1

양도소득세는 어떻게 계산하나?

양도소득세는 부동산 등 자산을 양도하는 경우 발생한 소득에 과세되는 세금이다. 아파트, 단독주택은 물론 토지, 건물, 특정 주식 등을 양도하면서 받은 양도금액이 취득금액보다 높은 경우 소득이 발생하는데 해당 소득에 대하여 세금을 내야 한다. 양도소득세는 계산이 복잡하여 스스로 계산하기 쉽지 않다. 다만 양도소득이 어떻게 발생되는지 또는 매매시점의 선택이나 절세 방법이 있지 않은지에 대한 질문을 하기 위해서 기본적인 것을 알아둘 필요는 있다.

양도소득세는 부동산 등을 취득한 날로부터 양도한 날까지 보유기간동안 발생된 이익에 대하여 양도시점에 일시에 과세한다. 부동산을 양도하면서 이익이 나지 않았거나 오히려 손해가 발생한다면 내야 할 양도소득세는 없다. 부동산을 양도하면서 이익이 난다면 양도일이 속하는 달의 말일부터 2개월 이내에 국세청에 신고를 하고 세금을 납부하여야 한다. 20x1년 7월 15일에 양도를 하였다면 20x1년 9월 30일까지 양도소득세를 신고하고 납부하여야 한다.

실생활에서 양도가 중요한 이유는 주로 아파트나 건물을 양도하면서 생기는 양도소득세와 1세대 1주택 비과세의 적용을 받는 경우, 1세대 1주택이더라도 9억 원 이상 고가주택을 양도하여 이익이 나는 경우 세금이 나오기 때문이다. 부동산 등을 양도를 하면 양도금액이 내 손에 들어오지만 양도소득세를 많이 내야 한다면 계획했던 양도금액과 차이가 많은 경우가 있을 수 있어 부동산 등을 매매하기 전에 양도소득세가 얼마나 나오는지 계산을 해봐야 한다.

부동산을 양도한 경우 양도소득세 납세의무자는 양도일이 속하는 달의 말일부터 2개월 이내에 주소지 관할국세청에 양도소득세를 예정신고 · 납부하여야 한다.

양도소득세 계산방법

양도가액	부동산 등의 양도 당시 실지거래가액
−	
취득가액	부동산 등의 취득 당시 실지거래가액 실지거래가액을 확인할 수 없는 경우 매매사례가액, 감정가액, 환산취득가액 적용 가능함
−	
필요경비	설비비 · 개량비, 자본적지출액, 양도비 매매사례가액, 감정가액, 환산취득가액은 기준시가의 3% 적용
=	
양도차익	양도가액 − 취득가액 − 필요경비
−	
장기보유특별공제	(토지 · 건물의 양도차익) × 공제율
=	
양도소득금액	양도차익 − 장기보유특별공제
−	
양도소득기본공제	250만 원(미등기 양도자산은 적용 배제)
=	
양도소득과세표준	양도소득금액 − 양도소득기본공제
x	
세율	
=	
산출세액	양도소득과세표준 × 세율
−	
세액공제+감면세액	외국납부세액공제와 조세특례제한법 상 감면세액
▼	
자진납부할 세액	산출세액 − (세액공제+감면세액)

양도소득세율

양도가액에서 취득가액과 필요경비를 차감하면 양도차익이 나온다. 양도차익에 장기보유특별공제와 기본공제를 차감하면 양도소득세 과세표준이 나온다. 과세표준은 세금을 부과하는 표준금액이다. 양도소득세 과세표준에 세율을 곱하고 세액공제 등을 반영하면 내야 할 세금이 나온다.

간단하게 5줄로 요약하여 설명하였지만 양도가액은 얼마로 해야 하는지 취득가액과 필요경비로 인정되는 금액은 무엇인지 상당히 복잡하다. 개개인별로 보유기간과 거주기간, 다른 주택 혹은 주거용 오피스텔보유여부, 세대내 주택수 등 아주 복잡한 상황을 모두 확인하여야 세금을 계산할 수 있다.

적용해야 하는 세율도 복잡해서 기본적인 세율 6%에서 45%뿐만 아니라 상황별로 적용해야 하는 세율이 달라 6%에서 70%의 세율이 적용될 수 있다. 내야 할 양도소득세에 추가로 지방소득세를 10% 더 내야 하므로 실제로는 6.6%에서 77%의 세금을 내야 한다.

2

1세대 1주택 비과세에서 "1세대"란? "1주택"이란?

1세대 1주택 비과세라는 말을 들어본 적이 있을 것이다. 1세대와 1주택을 모두 만족해야 비과세혜택을 볼 스 있다. 그런데 1세대 1주택이라도 매매가액 9억 원 이상 주택은 고가주택으로 비과세혜택은 볼 수 없고 9억 원을 초과하는 양도차익부분에 대하여 양도소득세를 납부하여야 한다.

기본적으로 1세대란 거주자와 그 배우자가 같은 주소 드는 거소에서 생계를 같이 하는 가족과 함께 구성하는 것을 말하는데 세법에서는 좀 더 넓게 판단을 한다. 부부가 각각의 명의로 주택을 한 채씩 갖고 있으면서 주민등록상 각각의 세대를 구성하였더라도 세법에서는 1세대로 봐서 주민등록상 세대별 1채가 아닌 1세대 2주택으로 주택수를 계산한다.

1세대를 판단하는 데에도 케이스별로 확인해야 할 사항이 많이 있다. 부모와 결혼한 성인자녀가 주택이 있는 경우 분리세대로 인정받을 수 있다. 자녀의 연령이 30세 이상인 경우에는 경제적 실질에 따라 1세대로 인정을 해준다.

주택이란 상시 주거할 목적으로 사용할 수 있는 건물로써 사실상 용도에 따라 판단을 한다. 그러므로 오피스텔을 주거용으로 사용하는 경우에도 주택으로 본다. 아파트를 매매하려고 하는데 오피스텔을 주거용으로 임대를 하고 있는 경우 아파트를 1주택, 오피스텔을 1주택 총 2주택으로 1세대 1주택 비과세 규정을 적용받지 못한다.

1세대와 1주택을 종합하여 심플하게 설명을 하면 아래와 같다.

"거주자 및 그 배우자가 그들과 동일한 주소 또는 거소에서 생계를 같이 하는 가족과 함께 구성하는 1세대가 양도일 현재 국내에 1주택을 보유하고 있는 경우로서 해당 주택의 보유기간이 2년(또는 3년)이상인 것을 말한다. 조정대상지역의 경우에는 2년 이상 거주도 해야 한다."

1세대 1주택의 몇 가지 예외사항이 있는데 가장 흔한 케이스는 일시적 2주택이다. 국내에 A주택 1채를 소유한 1세대가 B주택을 사서 이사를 가는 경우 A주택을 팔고 난 후 B주택을 사서 이사를 들어가면 좋지만 현실적으로 먼저 팔고나면 지낼 곳이 없어진다. A주택을 먼저 팔지 않고 B주택을 미리 취득했다가 B주택에 이사를 간 후 A주택을 팔아야 한다. 적어도 동시에 팔아야 하는데 사고 파는 날 당일에도 엄밀히 따지면 2주택 상태이다. 보통은 주택가격이 크기 때문에 B주택 취득 잔금일과 A주택 매매 잔금일을 같게 하여 이사를 간다. 이런 경우 일시적으로 2주택을 보유하게 되는데 몇 가지 조건을 충족하면 예외적으로 1세대 1주택 비과세를 적용해 준다.

A주택(기존주택)을 취득한 날로부터 1년이 지나고 B주택(새로운 주택)을 취득하고 B주택을 취득한 날부터 3년 이내(또는 2년 이내)에 A주택을 양도하는 경우 비과세 규정을 적용해 준다. 다만 조정대상지역 내 A주택(기존주택)을 갖고 있는 상태에서 조정대상지역 내 B주택(신규주택)을 취득한 경우에는 B를 취득한 날로부터 1년 이내 A주택을 양도해야 하고 신규주택에 세대전원이 1년(일정한 경우 최대 2년 연장)이내 전입신고를 마쳐야 비과세를 적용받을 수 있다.

1세대 1주택 비과세 조건을 만족하지 못한다면 세금차이가 엄청 클 수 있다. 설명한 것처럼 주택 1채라도 양도소득세는 매우 복잡하여 꼭 세무사의 도움을 미리 받는 것이 중요하다.

(1) 1주택자가 갖고 있는 주택을 팔고 새로운 주택으로 이사가는 경우 몇 가지 조건을 만족한다면 1세대 1주택 비과세 규정을 적용받을 수 있다. 다만 9억 원이 넘는 주택의 경우에는 양도소득세가 나온다.

(2) 1세대와 1주택 조건과 보유기간, 거주기간 요건을 만족하는지 확인해야 한다.

(3) 주택을 매매하기 전 세무사에게 양도소득세를 꼭 확인해야 한다.

3

배우자나 직계존비속에게 재산을 양도하는 경우 주의점

부모의 아파트를 자녀에게 증여하려니 증여세가 너무 많이 나와서 차라리 매매를 하는 것을 고려해본다. 부모가 갖고 있는 집이 1채여서 1세대 1주택 비과세를 받을 수 있다면 증여를 하지 않고 매매로 부모의 집을 자녀에게 이전하고 싶어진다.

일반 상식적으로 부모가 자식에게 아파트를 시가 그대로 매매를 한다고 몇 가지 의심해 볼 수 있다. 첫 번째 생각할 수 있는 건 아파트 그냥 준 거 아닐까? 두 번째는 아파트를 다른 사람한테 파는 것보다 싸게 양도한 건 아닐까? 라는 물음이 생긴다.

국세청에서도 똑같은 질문을 한다. 배우자 또는 직계존비속에게 매매로 재산의 소유권을 이전하는 경우 양도가 아닌 증여로 추정을 하여 배우자 또는 직계존비속에게 증여세를 과세한다. 증여추정규정을 둔 이유는 양도를 가장하여 가족사이 증여를 은폐하여 조세회피를 얼마든지 할 수 있기 때문이다.

진짜로 부모가 자녀에게 매매를 할 수 있지 않을까? 실제로 자녀가 부모의 아파트를 매매하여 샀다면 자녀 스스로 앞에 말한 두 가지 질문에 대답하여 실제 매매라는 것을 입증해야 한다.

첫 번째 질문인 아파트를 공짜로 준건 아닐까에 대한 대답을 해야 하는데 대가를 실제 지급한 사실을 입증해야 한다. 아파트 매매계약서와 매매계약서 대로 계약금과 중도금 및 잔금을 지급한 내역을 입증을 하면 된다. 최근에는 주택취득자금조달에 대하여 소명을 하게 되었으므로 해당 매매대금의 출처까지 밝힐 수 있어야 한다.

두 번째 질문인 아파트를 다른 사람한테 파는 것보다 싸게(저가로) 사고판게 아닐까에 대한 대답을 할 수 있어야 한다. 아파트의 경우 실제 거래된 매매사례가격이 국토교통부[8)]에서 공시를 하고 있으므로 최근 매매된 시세를 알 수 있다. 매매된 시세보다 5%내로 거래한 경우 증여세나 추가적인 양도소득세 부담은 없다.

8) 국토교통부 실거래가 공개시스템 http://rt.molit.go.kr/

두 가지 질문에 대하여 입증하지 못한다면 국세청에서 증여세를 과세하고 증여세에 40%의 가산세가 부과되므로 매우 주의하여야 한다.

4

부모에게 자금을 무상으로 빌리는 경우

부모로부터 개원초기 자금을 지원받거나 결혼하면서 주택취득자금을 받는 경우가 있다. 개원 후 부모께 갚아갈 예정이지만 당장 증여세를 부담하여야 하는지 걱정이 된다.

부모 등 특수관계인으로부터 자금을 빌리는 경우 우선 증여가 아니라 차용을 했다는 것을 입증할 수 있어야 한다. 국세청이 증여를 의심하는 경우 계좌이체내역만으로는 차용하였다는 것 대하여 소명하기 어려울 수 있으므로 차용증 등 금전소비대차계약서를 작성하고 실제로 차용하였다는 것을 입증할 수 있는 방법을 미리 세워놔야 한다.

부모로부터 차용한 것을 인정받았더라도 이자를 받지 않았거나 저리로 빌린 경우 증여세를 과세할 수 있다. 부모 등 특수관계인으로부터 금전을 무상으로 빌리거나 또는 낮은 이자로 빌리는 경우 무상 또는 저리로 빌린 것에 대한 이익이 발생하여 증여세를 과세한다. 다만 몇 가지 조건이 있는데 증여세가 과세되기 위해서는 특수관계가 있는 사람으로부터 빌려야 한다. 특수관계가 없는 사람으로부터 빌리는 것은 무상이건 저리건 문제가 되지는 않는다. 두 번째는 무상 또는 저리로 빌린 이익이 1천만 원 이상이 되어야 한다. 예를 들어 1억 원을 부모로부터 무상으로 빌린 경우 은행이자율 3%라면 연이자로 계산하면 3백만 원이므로 증여세 과세대상은 아니다.

부록

진료과별 세무처리

진료과별 세무처리

피부과

피부과는 사회적으로 외모에 대한 중요성이 커지고 있어 매출이 꾸준한 편이다. 다만 경쟁이 심해지고 있어 광고비가 증가하고 실장 등 인건비가 높아지고 있는 추세여서 순수입은 줄어들고 있다. 고급인테리어와 고가의 장비를 갖추고 진료하는 경우가 전통적이었지만 저가의 시술로 많은 고객을 유치하기도 한다. 2명 이상 공동 개원하는 경우가 많으며 공동개원을 하는 경우 수시로 공동개원에 대한 정리 및 결산이 필요하다.

화장품판매 및 피부관리 에스테틱을 피부과와 동일 장소에서 운영하는 경우 동일한 사업장처럼 운영을 하는 경우가 많다. 피부과에서 과세와 면세사업을 겸업하지 않고 과세부분을 분리하여 배우자 등 명의로 사업을 하는 경우 실제 피부과 원장의 수입으로 판단이 되는 경우 세법상 문제가 될 수 있다. 특히 환자는 피부과에서 진료를 했다고 생각했지만 다른 사업자로 신용카드 영수증 등이 발행되는 경우 세법상, 여신업법상 문제가 될 수 있다. 피부과와 화장품판매 및 피부관리 에스테틱을 병원 내 동일 장소에서 하지만 다른 사업으로 분리해서 운영을 하는 경우 분리된 사업장임을 밝혀야 하고 고지를 해야 하는 등 주의를 하여야 한다. 특히 배우자가 실제 사업을 하지 않으면서 명의만 분리한 경우 세무조사 등을 통해 병의원의 수입으로 합산하여 과세할 수 있다.

피부과는 미용시술이 많아 비급여 수입이 많고 할인유도를 통해 현금결제를 받아 수입금액을 누락하는 경우가 종종 있다. 피부과는 세무조사나 사후검증을 할 때 현금누락액에 대한 검증이 철저하게 이루어지므로 주의하여야 한다.

여드름 등 질병치료 목적은 보험관련 수입이지만 소액인 반면 미용목적치료 등의 비급여 수입이 많다. 미용목적, 화장품 판매 등 부가가치세 과세대상 수입이 크고 치료목적 면세수입은 적은 편이다.

다른 진료과에 비해 의료장비가 많아 감가상각비의 비중이 크다. 예전에는 현금구입을 많이 했지만 최근에는 리스, 보상판매 등으로 기계구입을 많이 한다. 네트워크형 피부과의 경우 별도 관리법인을 두는 경우가 많으며 진료를 제외한 마케팅 등의 업무를 수행한다. 네트워크 병원의 경우 관리법인을 세무조사 하는 경우 개별 피부과에 대한 수입금액을 파악할 수 있고 누락된 수입금액을 파악하기도 한다.

확인사항

피부관리실, 피부관리 에스테틱 수입분산에 대한 처리 및 비급여 수입금액누락이 없는지 확인해야 한다. 의료기기업체로부터 받은 판매장려금이나 리베이트 금액을 수입금액으로 처리해야 할지 여부와 고가 의료기기를 구입하면서 취득가액을 높게 받은 경우 실제 지불한 기계대금과의 차이를 검증할 수 있다.

성형외과

성형외과는 미용성형 또는 재건성형 등의 진료를 한다. 성형외과는 다른 진료과에 비해 소득률이 높은 편이지만 광고비중이 커져 실제 순수입은 기대만큼 크지 않은 경우도 많다. 간호사뿐만 아니라 상담실장 등의 직원이 필요하기 때문에 인건비 비중이 커지고 있다. 성형외과는 특히 계절과 휴가기간, 방학기간 등의 성수기와 비수기의 매출차이가 큰 편이지만 최근에는 성형에 대한 거부감이 없어 미용목적 수술이 꾸준한 편이다.

인테리어를 고급스럽게 하는 추세라 초기 개원비용이 높은 편이다. 현금결제로 할인을 유도하여 수입금액을 누락하는 경우가 많았지만 신용카드 사용 등으로 예전에 비해 크지 않다. 현금영수증 미발행에 대한 환자들의 제보도 많아 최근에는 현금결제를 받지 않는 병의원도 많다. 예전에는 국세청에서 신용카드 사용비율이 낮으면 현금누락이 많다고 의심했지만 최근에는 80% 이상 신용카드 결제가 이루어지고 있어 신용카드 비중을 분석해서 수입금액 누락여부를 확인하는 사후검증이 빈번하지는 않다.

성형수술은 미용목적 수술이 대부분이어서 비급여대상이고 환자가 노출을 꺼려하는 경우 현금결제도를 하는 경우도 많다. 수입금액 누락은 진료차트를 통해 확인할 수 있으므로 주의하여야 한다.

신규환자 유치를 위해 광고비중이 늘고 있으며 소개수수료를 지급하는 경우도 많다. 환자소개는 의료법 위반소지가 있으므로 주의하여야 한다. 사무장병원, 대리시술이 문제가 되는 경우도 있으니 주의하여야 한다. 상담실장 및 코디네이터의 상담을 통해 진료가 이루어지는 경우가 많아 성과급을 지급하고 있으며 관련 인건비도 늘고 있다.

확인사항

초기 인테리어 감가상각비가 줄어드는 3년 후 소득률이 높아지지 않는지 확인이 필요하다. 현금결제에 대한 수입금액 누락을 하거나 가공비용을 계상하는 경우 가산세 및 과태료 등의 불이익이 있을 수 있으므로 주의하여야 한다.

정신건강의학과

오랜 펜데믹 상황으로 우울증 등 정신과 진료가 증가하는 추세이다. 과거 정신과치료에 거부감이 있었지만 최근에는 방송에서도 정신과 상담 프로그램을 쉽게 접할 수 있을 정도로 인식이 좋아지고 있다. 정신과는 고정자산비중이 크지 않고 원장의 상담과 처방 위주라 수입대비 비용이 적어 다른 진료과에 비해 소득률이 높은 편이다. 다만 입원환자를 중심으로 하는 정신건강의학과의 경우 사무장, 간호사 및 보호사 등을 두어야 하므로 인건비 비율이 다른 진료과에 비해 높다.

보험수입이 많은 편이지만 청소년, 미성연자, 연애인 등 정신병력 느출을 꺼려하는 경우가 있어 비급여로 진찰을 받기도 한다. 비급여 상담위주의 병의원의 경우 상담료가 보통 8~25만 원 수준으로 가격편차가 크다.

확인사항

정신건강의학과는 다른 진료과에 비해 소득률이 높은 편이므로 하반기에 중간결산을 통해 연간총수입금액과 예상세금을 확인하는 것이 중요하다. 치료이력을 남기지 않으려는 환자의 경우 비급여로 진료하게 되고 수입금액까지 누락하는 경우가 있다. 현금결제를 했더라도 국세청에서 진료차트나 처방으로 수입금액 누락을 확인하는 경우 가산세 및 과태료가 나올 수 있으니 주의해야 한다.

치과

치과는 대부분 외래환자이고 임플란트 비중이 커지고 있다. 최근 치과간 경쟁이 심해져 광고비가 증가하는 추세이다. 간호사, 치위생사 등의 직원을 채용해야 하는데 치위생사 채용이 어려운 편이다. 어느정도 규모가 되면 페이닥터를 고용하여 진료하는 경우가 많으며 공동개원하여 큰 규모로 개원하는 경우도 많다. 간호사나 치위생사의 이직이 많고 뽑기가 힘들어 고용관련 이슈가 많은 편이다.

치기공소는 한두군데와 꾸준히 거래하는 편이며 골드의 경우 선결재하고 거래를 하기도 한다. 기공제작 의뢰서는 5년 보관의무가 있으므로 보관을 하여야 하고 제작 의뢰서를 통해 보철 수입금액을 대사해보기도 한다.

임플란트의 경우 치료는 수개월이 걸리지만 결제는 1, 2회로 나누어 받고 있어 결제를 받는 시점에 수입으로 신고를 한다. 임플란트 치료비용은 상대적으로 고가이므로 현금결제를 유도하는 경우도 있지만 최근 환자들의 제보로 많이 줄어들고 있다. 간혹 별도의 장부를 작성해서 비급여 대상진료를 관리하는 경우가 있는데 발각되는 경우 큰 문제가 생길 수 있으니 주의하여야 한다.

예전에는 골드매입을 통해 수입금액을 역산해 수입금액누락여부를 확인했지만 최근에는 보철보다는 임플란트가 더 많아 참고자료 정도로 확인해야 한다.

확인사항

최근에는 신용카드 사용이 많아 수입금액 누락이 크지는 않다. 온라인으로 예약을 받는 경우가 많아 진료건수와 수입누락여부를 확인해보기도 한다. 3년이상 진료한 자리잡힌 치과의 경우 수입금액이 증가하므로 중간결산 등을 통해 예상세금을 확인해야 한다.

정형외과

정형외과는 산업재해, 교통사고 등의 환자가 많다. 의료보험대상수입과 교통사고 보험수입 비율이 높다. 물리치료사, 간호사, 간호조무사 등을 채용하고 있다. 수술의 경우 외과의사를 고용하는 경우도 있다.

비보험대상 수입의 비율이 작지만 누락이 생길 수 있고 진단서 발급 수수료 등이 누락되기도 한다. 최근 신용카드 사용으로 대부분의 수입이 노출되고 있고 보험수입은 원천징수소득이므로 누락이 되지 않는다.

확인사항

교통사고 등 보험수입누락 여부를 확인해야 한다.

이비인후과

이비인후과는 감기환자, 알레르기 비염 등 환자가 많고 대부분의 치료가 의료보험이 적용된다. 환절기에 환자가 많고 미세먼지가 증가해서 진료환자가 증가하는 추세이다.

간호사 1~3명정도 고용하고 수술보다는 치료위주의 진료가 많다. 대부분이 의료보험 적용 진료라서 수입금액이 노출되고 간혹 영양제 주사 등 비보험 수입이 있다.

다른 진료과에 비해 필요경비가 부족하기 때문에 중간결산을 통해 예상세금을 미리 확인하는 것이 좋다.

확인사항

필요경비가 부족해 가공경비를 계상하는 경우가 있었지만 추후 사후검증을 통해 적출될 가능성이 크므로 주의하여야 한다.

한의원

의료보험이 적용되는 치료와 의료보험이 적용되지 않는 보약판매가 있다. 과거에는 유통과 무자료로 한약재를 구입하는 경우가 있었지만 최근에는 한약구입을 품질관리가 중요해 대부분 전문 한약재 업체에서 구입을 한다.

한의사 개인 유명도에 따라 수입의 편차가 큰 편이며 침, 첩약 등 진료유형에 따라서도 매출규모가 다르다. 최근에는 첨단 의료장비를 도입해 전문화되고 있으며 비만, 아토피, 청소년 성장 클리닉, 암치료 등 분야별 특화가 세분화되고 있다. 이와 함께 광고비 비중이 증가하고 있는 추세이다.

과거에는 보약 수입 현금비중이 많았지만 최근에는 대부분 신용카드 등으로 결제를 하기 때문에 노출비율이 높은 편이다. 현금결제 할인보다는 하루, 이틀치 약을 더 주는 것으로 홍보를 하기 때문에 현금할인결제 유도를 하는 경우도 많지 않다.

원외탕제를 많이 하기 때문에 원외탕제주문 대비 수입금액을 추정할 수 있다. 다만 원외탕전과 수입금액 비율은 건마다 다를 수 있어 참고자료로 활용가능하다.

한방화장품, 비만클리닉 등을 판매하는 경우 부가가치세 과세대상이므로 일반사업자(겸업사업자)로 전환하여야 한다.

확인사항

보약 등 비급여항목 수입금액 누락여부를 확인하여야 하고 미용목적 진료 비중이 증가하는 경우 면세사업자를 일반사업자로 변경해야 한다.

Index

한글

ㄱ

ㄴ

ㄷ

ㅁ

ㅂ

통장잔고 2배 늘려주는

제3판 **병의원 절세비법**

첫째판 발행 | 2021년 05월 07일
둘째판 발행 | 2022년 05월 02일
셋째판 인쇄 | 2024년 06월 10일
셋째판 발행 | 2024년 06월 17일

지 은 이 김국현
발 행 인 장주연
출 판 기 획 김도성
책 임 편 집 이민지, 김형준
편집디자인 김영준
표지디자인 김재욱
제 작 담 당 황인우
발 행 처 군자출판사(주)
등록 제 4-139호(1991. 6. 24)
본사 (10881) 파주출판단지 경기도 파주시 서패동 474-1(회동길 338)
Tel. (031) 943-1888 Fax. (031) 955-9545
홈페이지 | www.koonja.co.kr

ISBN 979-11-7068-137-3
정가 20,000원